Gabriel Naudé

Advis pour dresser une bibliothèque

Texte et illustration de couverture : © domaine public
Edition : Culturea (Hérault, 34)
Contact : infos@culturea.fr
Retrouvez notre catalogue sur http://culturea.fr
Imprimé en Allemagne par Books on Demand
Design typographique : Derek Murphy
Layout : Reedsy (https://reedsy.com/)

Dépôt légal : janvier 2023

ISBN : 9791041919291

Certes, il me semble que c'est apporter peu de jugement au choix et à la cognoissance des livres, que de negliger tous ces autheurs qui devroient estre tant plus recherchez que plus ils sont rares.

Table des matières

Advis

Advis pour dresser une bibliotheque. Presenté à monseigneur le president de Mesme.

Je croy, monseigneur, qu'il ne vous semblera point hors de raison, que je donne le titre et la qualité de chose inoüye à ce discours, lequel je vous presente avec autant d'affection que vostre bienveillance et le service que je vous dois m'obligent : puis qu'il est vray qu'entre le nombre presque infini de ceux qui ont jusques aujourd'huy mis la main à la plume, aucun n'est encore venu à ma connoissance sur l'advis duquel on se puisse regler au choix des livres, au moyen de les recouvrer, et à la disposition qu'il faut leur donner pour les faire paroistre avec profit et honneur dans une belle et somptueuse bibliotheque.

Car encore bien que nous ayons le conseil que donna Jean Baptiste Cardone evesque de Tortose pour dresser et entretenir la royale bibliotheque de Lescurial, si est-ce toutesfois qu'il a si legerement passé sur ce sujet, que si on ne le compte pour nul, au moins ne doit-il point retarder le bon dessein de ceux qui veulent bien entreprendre d'en donner quelque plus grande lumiere et esclaircissement aux autres, sous esperance que s'ils ne rencontrent mieux, la difficulté de l'entreprise ne les rendra pas moins qu'iceluy excusables, et affranchis de toute sorte de blasme et de calomnie. Aussi est-il vray qu'il n'appartient pas à un chacun de bien rencontrer en cette matiere, et que la peine et la difficulté qu'il y a de s'acquerir une cognoissance superficielle de tous les arts et sciences, de se delivrer de la servitude et esclavage de certaines opinions qui nous font regler et parler de toutes choses à nostre fantaisie, et de juger à propos et sans passion du merite et de la qualité des autheurs, sont des difficultez plus que suffisantes pour nous persuader qu'il est vray d'un bibliothecaire ce que Juste Lipse disoit elegamment et fort à propos de deux autres sortes de personnes, (...).

Et si je prends la hardiesse, m. De vous presenter ces memoires et instructions, ce n'est pas que j'aye si bonne estime de mon jugement, que de le vouloir interposer en cette affaire qui est si difficile, ou que la philautie me chatoüille jusques à ce poinct qu'elle me face reconnoistre en moy ce qui ne se trouve que rarement és autres : mais l'affection que j'ay de faire chose qui vous soit agreable, est la seule cause qui m'excite à joindre les sentimens communs de beaucoup de personnes sçavantes et versées en la connoissance des livres, et les moyens divers pratiquez par les plus fameux bibliothecaires, à ce que le peu d'industrie et d'experience que j'ay me pourra fournir pour vous representer en cét advis les preceptes et moyens sur lesquels il est à propos de se regler afin d'avoir un heureux succez de cette belle et genereuse entreprise. C'est pourquoy, m. apres vous avoir tres-humblement requis d'attribüer plustost ce long discours à la candeur et sincerité de mon affection, que non pas à quelque presomption de m'en pouvoir plus dignement acquitter qu'un autre ; je vous diray librement que si vous n'avez dessein d'esgaler la bibliotheque vaticane ou l'ambrosienne du cardinal Borrommée, vous avez de quoy mettre vostre esprit en repos, vous satisfaire et contenter d'avoir une telle quantité de livres, et si bien choisis, que demeurant hors de ces termes elle est plus que suffisante non seulement de servir à vostre contentement particulier, et à la curiosité de vos amis ; mais aussi de se conserver le nom d'une des meilleures et mieux fournies bibliotheques de France ; puis que vous avez tous les principaux és facultez principales, et un tres-grand nombre d'autres qui peuvent servir aux diverses rencontres des sujets particuliers et non communs. Mais si vous ambitionnez de faire esclatter vostre nom par celuy de vostre bibliotheque, et de joindre ce moyen à ceux que vous pratiquez en toutes les occasions par l'eloquence de vos discours, solidité de vostre jugement, et l'esclat des plus belles charges et magistratures que vous avez si heureusement exercées, pour donner un lustre perdurable à vostre memoire, et vous asseurer pendant vostre vie de pouvoir facilement vous desvelopper des divers replis et roulemens des siecles, pour vivre et dominer dans le souvenir des hommes ; il est besoin d'augmenter et de perfectionner tous les jours ce que vous avez si bien commencé, et donner insensiblement un tel et si avantageux progres à vostre bibliotheque, qu'elle soit aussi bien que vostre esprit sans pair, sans esgale, et autant belle, parfaite et accomplie qu'il se peut faire par l'industrie de ceux qui ne font jamais rien sans quelque manque ou defaut, *adeo nihil est ab omni parte beatum.*

CHAPITRE 1

On doit estre curieux de dresser des bibliotheques, et pourquoy.

Or d'autant, m. que toute la difficulté de ce dessein consiste à ce que le pouvant executer avec facilité, vous jugiez qu'il soit à propos de l'entreprendre ; il est necessaire auparavant que de venir aux preceptes qui peuvent servir à cette execution, de vous deduire et expliquer les raisons qui doivent vraysemblablement vous persuader qu'elle est à vostre advantage, et que vous ne la devez en aucune façon negliger. Car pour ne point nous esloigner de la nature de cette entreprise, le sens commun nous dicte que c'est une chose tout à fait loüable, genereuse et digne d'un courage qui ne respire que l'immortalité, de tirer de l'oubly, conserver et redresser comme un autre Pompée toutes ces images, non des corps, mais des esprits de tant de galands hommes qui n'ont espargné ny leur temps ny leurs veilles pour nous laisser les plus vifs traicts de ce qui estoit le plus excellent en eux. Aussi est-ce une pratique à laquelle Pline Le Jeune, qui n'estoit pas des moins ambitieux d'entre les romains, semble nous vouloir particulierement encourager par ces beaux mots du cinquiesme de ses epistres, (...).

Joint que cette recherche curieuse et non triviale et commune peut legitimement passer pour un de ces bons presages desquels parle Cardan au chapitre *de signis eximiae potentiae*, parce qu'estant extraordinaire, difficile et de grande despence, il ne se peut faire autrement qu'elle ne donne sujet à un chacun de parler en bons termes et quasi avec admiration de celuy qui la pratique, (...). Et à la verité si nous ne trouvons point estrange que Demetrius ait fait monstre et parade de ses instrumens de guerre et machines vastes et prodigieuses, Alexandre Le Grand de sa façon de camper, les roys d'Egypte de leurs pyramides, voire mesme Salomon de son temple, et les autres de choses semblables ; d'autant que Tybere remarque fort bien dans Tacite, (...) combien d'estime devons-nous faire de ceux qui n'ont point recherché ces inventions superfluës et inutiles pour la pluspart, croyans et jugeans bien qu'il n'y avoit aucun moyen plus honneste et asseuré pour s'acquerir une grande renommée parmy les peuples, que de dresser de belles et magnifiques bibliotheques, pour puis apres les voüer et consacrer à l'usage du public ? Aussi est-il vray que cette entreprise n'a jamais trompé ny deceu ceux qui l'ont bien sceu mesnager, et qu'elle a tousjours esté jugée de telle consequence, que non seulement les particuliers l'ont fait reüssir à leur avantage, comme Richard De Bury. Bessarion, Vincent Pinelli, Sirlette, vostre grand pere messire Henry De Mesme de tres-heureuse memoire, le chevalier anglois Bodlevi, feu m. Le president De Thou, et un grand nombre d'autres, mais que les plus ambitieux mesmes ont tousjours voulu se servir d'icelle pour couronner et perfectionner toutes leurs belles actions, comme l'on fait de la clef qui ferme la voulte et sert de lustre et d'ornement à tout le reste de l'edifice. Et ne veux point d'autres preuves et tesmoins de mon dire que ces grands roys d'Egypte et de Pergame, ce Xerces, cet Auguste, Luculle, Charlemagne, Alphonse D'Arragon, Matthieu Corvin, et ce grand roy François Premier, qui ont tous affectionné et recherché particulierement (entre le nombre presque infini de beaucoup de monarques et potentats qui ont aussi pratiqué cette ruse et stratageme) d'amasser grand nombre de livres, et faire dresser des bibliotheques tres-curieuses et bien fournies : non point qu'ils manquassent d'autres sujets de loüange et recommandation, s'en estant assez acquis dans les triomphes de leurs grandes et signalées victoires ; mais parce qu'ils n'ignoroient pas que les personnes (...), ne doivent rien negliger de ce qui les peut facilement eslever au supreme et souverain degré d'estime et de reputation. Et de plus si on demandoit à Seneque quelles doivent estre les actions de ces forts et puissans genies qui semblent n'estre mis au monde que pour operer des miracles, il respondroit infailliblement, (...). C'est pourquoy, m. Il semble estre à propos, puis que vous dominez et tenez le dessus en toutes les actions signalées, que vous ne demeuriez jamais dans la mediocrité es choses bonne et loüable ; et puis que vous n'avez rien de bas et de commun, que vous encherissiez aussi pardessus tous les autres l'honneur et la reputation d'avoir une bibliotheque la plus parfaite et la mieux fournie et entretenuë qui soit de vostre temps.

Finalement si ces raisons n'ont assez de pouvoir pour vous disposer à cette entreprise, je me persuade au moins que celle de vostre contentement particulier sera seule assez capable et puissante pour vous y faire resoudre : car s'il est possible d'avoir en ce monde quelque souverain bien, quelque felicité parfaite et accomplie, je croy certainement qu'il n'y en a point qui soit plus à desirer que l'entretien et le divertissement fructueux et agreable que peut recevoir d'une telle bibliotheque un homme docte, et qui n'est point tant curieux d'avoir des livres, (...), puis qu'il se peut à bon droit nommer au moyen d'icelle cosmopolite ou habitant de tout le monde, qu'il peut tout sçavoir, tout voir, et ne rien ignorer, bref puis qu'il est maistre absolu de ce contentement, qu'il le peut mesnager à sa fantaisie, le prendre quand il veut, le quitter quand il luy plaist, l'entretenir tant que bon luy semble, et que sans contredit, sans travail et sans peine il se peut instruire, et connoistre les particularitez plus precises de tout ce qui est, qui fut, et qui peut estre en terre, en mer, au plus caché des cieux.

Je diray donc pour le resultat de ces raisons, et de beaucoup d'autres, qu'il vous est plus facile de concevoir qu'à nul autre de les exprimer, que je ne pretends point par icelles vous engager à une despence superfluë et grandement extraordinaire, n'estant point de l'opinion de ceux qui croyent que l'or et l'argent sont les principaux nerfs d'une bibliotheque, et qui se persuadent (n'estimans les livres qu'au prix qu'ils ont cousté que l'on ne peut rien avoir de bon s'il n'est bien cher. Combien que ce ne soit pas aussi mon intention de vous persuader que ce grand amas se puisse faire sans frais ny bourse deslier, sçachant bien que le dire de Plaute est aussi veritable en cette occasion qu'en beaucoup d'autres. (...) : mais bien de vous faire voir par ce present discours, qu'il y a une infinité d'autres moyens desquels on se peut servir avec beaucoup plus de facilité et moins de despence pour parvenir et toucher finalement au but que je vous propose.

CHAPITRE 2

La façon de s'instruire et sçavoir comme il faut dresser une bibliotheque.

Or entre iceux, m. j'estime qu'il n'y en a point de plus utile et necessaire que de se bien instruire auparavant que de rien advancer en cette entreprise, de l'ordre et de la methode qu'il faut precisément garder pour en venir à bout. Ce qui se peut faire par deux moyens assez faciles et asseurez : le premier desquels est de prendre l'advis et conseil de ceux qui nous le peuvent donner, concerter et animer de vive voix, soit qu'ils le puissent faire, ou pour estre personnes de lettres, bon sens et jugement, qui par ce moyen sont en possession de parler à propos et bien discourir et raisonner sur toutes choses : ou bien parce qu'ils poursuivent la mesme entreprise avec estime et reputation d'y mieux rencontrer et d'y proceder avec plus d'industrie, de precaution et de jugement, que ne font pas les autres, tels que sont aujourd'huy Messieurs De Fontenay, Halé, Du Puis, Riber, Des Cordes, et Moreau, l'exemple desquels on ne peut manquer de suivre ; puis que suivant le dire de Pline Le Jeune. (...) : et que pour ce qui est de vostre particulier, la diversité de leur procedé vous pourra tousjours fournir quelque nouvelle addresse et lumiere qui ne sera, peut estre, pas inutile au progrez et à l'avancement de vostre bibliotheque, par la recherche des bons livres, et de ce qui est le plus curieux dans chacune des leurs.

Le second est de consulter et recueillir soigneusement le peu de preceptes qui se peuvent tirer des livres de quelques autheurs qui ont escrit legerement et quasi par maniere d'acquit sur cette matiere, comme par exemple, du conseil de Baptiste Cardone, du philobiblion de Richard De Bury, de la vie de Vincent Pinelli, du livre de Possevin *de cultura ingeniorum*, de celuy que Lipse a fait sur les bibliotheques, et de toutes les diverses tables, indices et catalogues : et se regler aussi sur les plus grandes et renommées bibliotheques que l'on ait jamais dressées, veu que si l'on veut suivre l'advis et le precepte de Cardan, (...). En suitte dequoy il ne faut point obmettre et negliger de faire transcrire tous les catalogues, non seulement des grandes et renommées bibliotheques, soit qu'elles soient vieilles ou modernes, publiques ou particulieres, et en la possession des nostres ou des estrangers : mais aussi des estudes et cabinets, qui pour n'estre cognus ny hantez demeurent ensevelis dans un perpetuel silence. Ce qui ne semblera point estrange et nouveau si on considere quatre ou cinq raisons principales qui m'ont fait avancer cette proposition. La premiere desquelles est qu'on ne peut rien faire à l'imitation des autres bibliotheques si l'on ne sçait par le moyen des catalogues qui en sont dressez ce qu'elles contiennent : la seconde, parce qu'ils nous peuvent instruire des livres, du lieu, du temps et de la forme de leur impression : la troisiesme, d'autant qu'un esprit genereux et bien nay doit avoir le desir et l'ambition d'assembler, comme en un blot tout ce que les autres possedent en particulier, ut quae divis a beatos efficiunt, in se mixta fluant : la quatriesme, parce que c'est faire plaisir et service à un amy quand on ne luy peut fournir le livre duquel il est en peine, de luy monstrer et designer au vray le lieu où il en pourroit trouver quelque copie, comme l'on peut faire facilement par le moyen de ces catalogues : finalement à cause que nous ne pouvons pas par nostre seule industrie sçavoir et connoistre les qualitez d'un si grand nombre de livres qu'il est besoin d'avoir ; il n'est pas hors de propos de suivre le jugement des plus versez et entendus en cette matiere, et d'inferer en cette sorte. Puis que ces livres ont esté recueillis et achetez par tels et tels, il y a bien de l'apparence qu'ils meritent de l'estre, pour quelque circonstance qui nous est incognuë. Et en effect je puis dire avec verité, que pendant l'espace de deux ou trois ans que j'ay eu l'honneur de me rencontrer avec Monsieur De F chez les libraires, je luy ay veu souvent acheter de si vieux livres et si mal couverts et imprimez, qu'ils me faisoient sousrire et esmerveiller tout ensemble, jusques à ce que prenant la peine de me dire le sujet et les circonstances pour lesquelles il les achetoit, ses causes et raisons me sembloient si pertinentes, que je ne seray jamais diverti de croire qu'il est plus versé en la cognoissance des livres, et qu'il en parle avec plus d'experience et de jugement qu'homme qui soit non seulement en France, mais en tout le reste du monde.

CHAPITRE 3

La quantité de livres qu'il y faut mettre.

Cette difficulté premiere estant ainsi deduite et expliquée, celle qui la doit suivre et costoyer de plus prés nous oblige à rechercher s'il est à propos de faire un grand amas de livres, et rendre une bibliotheque celebre, sinon par la qualité, au moins par la nompareille et prodigieuse quantité de ses volumes. Car il est vray que c'est l'opinion de beaucoup, que les livres sont semblables aux loix et sentences des jurisconsultes, lesquelles (...), et qu'il appartient à celuy là seul de discourir à propos sur quelque poinct de doctrine qui s'est le moins occupé à la diverse lecture de ceux qui en ont escrit. Et en effect il semble que ces beaux precepts et advertissemens moraux de Seneque, (...), et plusieurs autres semblables qu'il nous donne en cinq ou six endroits de ses oeuvres puissent aucunement favoriser et fortifier cette opinion par l'auctorité de ce grand personnage. Mais si nous la voulons renverser entierement pour establir la nostre, comme plus probable, il ne faut que se fonder sur la difference qu'il y a entre le travail d'un particulier et l'ambition de celuy qui veut paroistre par le moyen de sa bibliotheque, ou entre celuy qui ne veut satisfaire qu'à soy mesme, et celuy qui ne cherche qu'à contenter et obliger le public. Car il est certain que toutes ces raisons precedentes ne butent qu'à l'instruction de ceux qui veulent judicieusement et avec ordre et methode faire quelque progrez en la faculté qu'ils suivent, ou plustost à la condamnation de ceux qui tranchent des sçavans et contrefont les capables, encores qu'ils ne voyent non plus ce grand amas de livres qu'ils ont fait, que les bossus (ausquels le Roy Alphonse avoit coustume de les comparer) cette grosse masse qu'ils portent derriere eux. Ce qui est à bon droict blasmé par Seneque és lieux alleguez cy-dessus, et plus ouvertement encore quand il dit, (...) ? Comme aussi par cet epigramme qu'Ausone avec beaucoup de grace et naïfveté addressé *ad philomusum*, (...).

Mais vous, m. Qui estes en reputation de plus sçavoir que l'on ne vous a peu enseigner, et qui vous privez de toute sorte de contentement pour jouyr et vous plonger tout à fait dans celuy que vous prenez à courtiser les bons autheurs, c'est à vous proprement à qui il appartient d'avoir une bibliotheque des plus augustes et des plus amples qui ait jamais esté à celle fin qu'il ne soit dit à l'advenir qu'il n'a tenu qu'au peu de soin que vous aurez eu de donner cette piece au public et à vous mesme, que toutes les actions de vostre vie n'ayent surpassé les faits heroïques de tous les plus grands personnages. C'est pourquoy j'estimeray tousjours qu'il est tres à propos de recueillir pour cet effect toutes sortes de livres, (sous quelques precautions neantmoins que je deduiray cy-apres) puis qu'une bibliotheque dressée pour l'usage du public doit estre universelle, et qu'elle ne peut pas estre telle si elle ne contient tous les principaux autheurs qui ont escrit sur la grande diversité des sujets particuliers, et principalement sur tous les arts et sciences, desquels si on vient à considerer le grand nombre dans le panepistemon d'Ange Politian, ou dans un autre catalogue fort exact qui en a esté dressé depuis peu ; je ne fay aucun doute qu'on ne juge par la grande quantité de livres qui se rencontre ordinairement dans les bibliotheques sur dix ou douze d'icelles, du plus grand nombre qu'il en faudroit avoir pour contenter la curiosité des lecteurs sur toutes les autres. D'où je ne m'estonne point si Ptolomée roy d'Egypte avoit amassé pour cet effet non cent mil volumes, comme veut Cedrenus, non quatre cens mille, comme dit Seneque, non cinq cens mille, comme l'asseure Josephe, mais sept cens mille, comme tesmoignent et demeurent d'accord Aulugelle, Ammian Marcellin, Sabellic, et Volaterran : ou si Eumenes fils d'Attalus en avoit recueilly deux cens mille, Constantin six vingts mille, Samonique precepteur de l'empereur Gordian Le Jeune soixante et deux mille, Epaphroditus simple grammairien trente mille ; et si Richard De Bury, M De Thou, et le chevalier Bodlevi en ont fait si bonne provision, que le seul catalogue de chacune de leurs bibliotheques peut faire un juste volume.

Aussi faut-il confesser qu'il n'y a rien qui rende une bibliotheque plus recommandable que lors qu'un chacun y trouve ce qu'il cherche, ne l'ayant peu trouver ailleurs, estant necessaire de poser pour maxime, qu'il n'y a livre tant soit-il mauvais ou descrié qui ne soit recherché de quelqu'un avec le temps, parce que suivant le dire du poëte satyrique, (...).

Et de plus il faut encore croire que tout homme qui recherche un livre le juge bon, et le jugeant tel sans le pouvoir trouver, est contraint de l'estimer curieux et grandement rare, de sorte, que venant en fin à le rencontrer en quelque bibliotheque, il se persuade facilement que le maistre d'icelle le cognoissoit aussi bien que luy, et l'avoit acheté pour les mesmes intentions qui l'excitoient à le rechercher, et en suitte de ce conçoit une estime nompareille et du maistre et de la bibliotheque, laquelle venant puis apres à estre publiée, il ne faut que peu de rencontres semblables, jointe à la commune opinion du vulgaire, (...), pour satisfaire et recompenser un homme qui a tant soit peu l'honneur et la gloire en recommandation de tous ses frais et de toute sa peine. Et de plus si on veut entrer en consideration des temps, des lieux, et des inventions nouvelles, personne de jugement ne peut douter qu'il ne nous soit maintenant plus facile d'avoir des milliers de livres qu'il n'estoit aux anciens d'en avoir des centaines, et que par consequent ce nous seroit une honte et un reproche eternel si nous leur estions inferieurs en ce point, où ils peuvent estre surmontez avec tant d'avantage et de facilité. Finalement comme la qualité des livres augmente de beaucoup l'estime d'une bibliotheque envers ceux qui ont le moyen et le loisir de la reconnoistre, aussi faut-il advoüer que la seule quantité d'iceux la met en lustre et en credit, tant envers les estrangers et passans, que beaucoup d'autres qui n'ont pas le temps ny la commodité de la fueilleter aussi curieusement en particulier, comme il leur est facile de juger promptement par le grand nombre de ses volumes qu'il y en doit avoir une infinité de bons, signalez et remarquables. Toutesfois pour ne laisser cette quantité infinie ne l'a definissant point, et aussi pour ne jetter les curieux hors d'esperance de pouvoir accomplir et venir à bout de cette belle entreprise, il me semble qu'il est à propos de faire comme les medecins, qui ordonnent la quantité des drogues suivant la qualité d'icelles, et de dire que l'on ne peut manquer de recueillir tous ceux qui auront les qualitez et conditions requises pour estre mis dans une bibliotheque. Ce que pour connoistre il se faut servir de plusieurs diorismes et precautions, qui peuvent estre beaucoup plus facilement pratiquées à la rencontre des occasions par ceux qui ont une grande routine des livres, et qui jugent sainement et sans passion de toutes choses, que deduites et couchées par escrit, veu qu'elles sont presque infinies, et que pour le confesser ingenuëment quelqu'unes d'icelles combattent les opinions communes, et tiennent du paradoxe.

CHAPITRE 4

De quelle qualité et condition ils doivent estre.

Je diray neantmoins pour ne point obmettre ce qui nous doit servir de guide et de phanal en cette recherche, que la premiere regle que l'on y doit observer est de fournir premierement une bibliotheque de tous les premiers et principaux autheurs vieux et modernes, choisis des meilleures editions, en corps ou en parcelles, et accompagnez de leurs plus doctes et meilleurs interpretes et commentateurs qui se trouvent en chaque faculté, sans oublier celles qui sont le moins communes, et par consequent plus curieuses, comme par exemple des diverses bibles, des peres et des conciles, pour le gros de la theologie, de Lyra, Hugo, Tostat, Salmeron, pour la positive ; de Sainct Thomas, Occham, Durand, Pierre Lombart, Henry de Gand Alexandre de Ales, Gilles de Rome, Albert Le Grand, Aureolus, Burlée, Capreolus, Major, Vasquez, Suarez, pour la scholastique ; des cours civil et canon ; Balde, Barthole, Cujas, Alciat, Du Moulin, pour le droict ; d'Hipocrate, Galien, Paul Eginete, Oribase, Aece, Traillian, Avicenne, Avenzoar ; Fernel, pour la medecine, Ptolomée, Firmicus, Haly, Cardan, Stofler, Gauric, Junctin, pour l'astrologie ; Halhazen, Vitellio, Baccon, Aguillonius, pour l'optique ; Diophante, Boece, Jordan, Tartaglia, Siliseus, Luc De Burgo, Villefranche, pour l'arithmetique ; Artemidore, Apomazar, Synesius, Cardon, pour les songes : et ainsi de tous les autres qu'il seroit trop long et ennuyeux de specifier et nommer precisément.

Secondement d'y mettre tous les vieux et nouveaux autheurs dignes de consideration, en leur propre langue et en l'idiome duquel ils se sont servis, les bibles et rabias en hebrieu, les peres en grec et en latin, Avicenne en arabe, Bocace, Dante, Petrarque, en italien ; et aussi leurs meilleures versions latines, françoises, ou telles qu'on les pourra trouver : ce dernier pour l'usage de plusieurs qui n'ont pas la cognoissance des langues estrangeres, et le premier d'autant qu'il est bien à propos d'avoir les sources d'où tant de ruisseaux coulent en leur propre nature sans art ny desguisement, et que de plus certaine efficace et richesse de conceptions se rencontre d'ordinaire en iceux qui ne peut retenir et conserver son lustre que dans sa propre langue, comme les peintures en leur propre jour : pour ne rien dire de la necessité que l'on en peut avoir à la verification des textes et passages qui sont ordinairement controversez ou revoquez en doute.

Tiercement, ceux qui ont le mieux traicté les parties de quelque science ou faculté telle qu'elle soit, comme Bellarmin les controverses, Tolete et Navarre les cas de conscience, Vesale l'anatomie, Mathiole l'histoire des plantes, Gesner et Aldroandus celle des animaux, Rondelet et Salvianus celles des poissons, Vicomercat les meteores, etc.

En quatriesme lieu, tous ceux qui ont mieux commenté ou expliqué quelque autheur ou livre particulier, comme Pererius la genese, Villalpandus Ezechiel, Maldonat les evangiles, Monlorius et Zabarella les analytiques, Scaliger l'histoire des plantes de Theophraste, Proclus et Marsile Ficin le Platon, Alexandre et Themistius l'Aristote, Flurance Rivault l'Archimede, Theon et Campanus l'Euclide, Cardan Ptolomée : ce qui se doit observer en toutes sortes de livres et traictez vieux ou modernes qui auront rencontré des interpretes et commentateurs.

Puis apres tous ceux qui ont escrit et fait des livres et traictez sur quelque sujet particulier, soit qu'il concerne l'espece ou l'individu, comme Sanchez qui a traicté amplement de matrimonio, de Sainctes et Du Perron de l'eucharistie, Gilbert de l'aimant, Majer de volucri arborea, Scortia, Vendelinus, Nugarola, du Nil : ce qui se doit entendre de toutes sortes de traictez particuliers en matiere de droict, theologie, histoire, medecine, ou quelque autre que ce puisse estre, avec cette discretion neantmoins que celle qui approche le plus de la profession que l'on suit soit preferée aux autres.

En suitte tous ceux qui ont escrit le plus heureusement contre quelque science, ou qui se sont opposez avec plus de doctrine et d'animosité (sans toutesfois rien innover ou changer des principes) aux livres de quelques autheurs des plus celebres et renommez. C'est pourquoy on ne doit pas negliger Sextus Empiricus, Sanchez, et Agrippa, qui ont fait profession de renverser toutes les sciences, Pic De La Mirande qui a si doctement refuté les astrologues, Eugubinus qui a foudroyé l'impieté des salmonées et irreligieux, Morisotus qui a renversé l'abus des chymistes, Scaliger qui a si bien rencontré contre Cardan qu'il est aujourd'huy plus suivy en quelques endroits d'Allemagne qu'Aristote, Casaubon qui a bien osé attaquer les annales de ce grand cardinal Baronius, argentier qui a pris Galien à tasche, Thomas Eraste qui a pertinemment refuté Paracelse, charpentier qui s'est vigoureusement opposé à Ramus ; et finalement tous ceux qui se sont exercez en pareille escrime, et qui sont tellement enchaisnez les uns avec les autres, qu'il y auroit autant de faute à les lire separément, comme à juger et entendre une partie sans l'autre, ou un contraire sans celuy qui luy est opposé.

Il ne faut aussi obmettre tous ceux qui ont innové ou changé quelque chose és sciences, car c'est proprement flatter l'esclavage et la foiblesse, de nostre esprit, que de couvrir le peu de connoissance que nous avons de ces autheurs sous le mespris qu'il en faut faire, à cause qu'ils se sont opposez aux anciens, et qu'ils ont doctement examiné ce que les autres avoient coustume de recevoir comme par tradition : c'est pourquoy veu que depuis peu plus de trente ou quarante autheurs de nom se sont declarez contre Aristote, que Coopernic, Kepler et Galilaeus ont tout changé l'astronomie ; Paracelse, Severin le danois, du Chesne et Crollius la medecine ; et que plusieurs autres ont introduit de nouveaux principes, et basty sur iceux des ratiocinations estranges, inouyës et non jamais preveuës ; je dis que tous ces autheurs sont tres-necessaires dans une bibliotheque, puis que suivant le dire commun, (...) et que pour n'en demeurer à cette raison si foible, il est certain que la cognoissance de ces livres est tellement utile et fructueuse à celuy qui sçait faire reflexion et tirer profit de tout ce qu'il voit, qu'elle luy fournit une milliace d'ouvertures et de nouvelles conceptions, lesquelles estans receuës dans un esprit docile, universel et desgagé de tous interests, (...), elles le font parler à propos de toutes choses, luy ostent l'admiration, qui est le vray signe de nostre foiblesse, et le façonnent à raisonner sur tout ce qui se presente, avec beaucoup plus de jugement, prevoyance et resolution, que ne fait pas le commun des autres personnes de lettres et de merite.

On doit pareillement avoir cette consideration au choix des livres, de regarder s'ils sont les premiers qui ayent esté composez sur la matiere de laquelle ils traictent, parce qu'il est de la doctrine des hommes comme de l'eau, qui n'est jamais plus belle, plus claire et plus nette qu'à sa source, toute l'invention venant des premiers, et l'imitation avec les redites des autres : comme l'on voit par effet que Reuchlin qui a le premier escrit de la langue hebraïque et de la cabale, Budée de la grecque et des monnoyes, Bodin de la republique, Cocles de la physiognomie, Pierre Lombart et S Thomas de la theologie scholastique, ont mieux rencontré que beaucoup d'autres qui se sont meslez d'en escrire depuis eux.

De plus il faut aussi prendre garde si les matieres qu'ils traictent sont triviales ou peu communes, curieuses ou negligées, espineuses ou faciles, d'autant que l'on peut bien appliquer aux livres curieux et nouveaux, ce que l'on dit de toutes les choses non vulgaires, (...).

Sous l'adveu doncques de ce precepte on doit ouvrir les bibliotheques, et recevoir en icelles ceux là, premierement qui ont escrit sur des matieres peu cognuës, et qui n'avoient esté traictées auparavant sinon par fragments et à bastons rompus, comme Licetus qui a escrit *de spontaneo viventium ortu, de lucernis antiquorum*, Tagliacotius de la façon de refaire les nez coupez, Libavius et Goclin de l'onguent magnetique.

Secondement tous les curieux et non vulgaires, comme sont les livres de Cardan, Pomponace, Brunus, et tous ceux qui traictent de la caballe, mémoire artificielle, art de Lulle, pierre philosophale, divinations, et autres matieres semblables : car encore bien que la plus-part d'icelles n'enseignent rien que des choses vaines et inutiles, et que je les tienne pour des pierres d'achopement à tous ceux qui s'y amusent ; si est-ce neantmoins que pour avoir de quoy contenter les foibles esprits aussi bien que les forts, et satisfaire au moins à ceux qui les veulent voir pour les refuter, il faut recueillir ceux qui en traictent, deussent-ils estre parmy les autres livres d'une bibliotheque, comme les serpens et viperes entre les autres animaux, comme l'ivroye dans le bon bled, comme les espines entre les roses ; et ce à l'exemple du monde où ces choses inutiles et dangereuses accomplissent le chef-d'oeuvre et la fabrique de sa composition.

Cette maxime nous doit faire passer à une autre de pareille consequence, qui est de ne point negliger toutes les oeuvres des principaux heresiarques ou fauteurs de religions nouvelles et differentes de la nostre plus commune et reverée, comme plus juste et veritable. Car il y a bien de l'apparence, puis que les premiers d'iceux (pour ne parler que des nouveaux) ont esté choisis et tirez d'entre les plus doctes personnages du siecle precedent, qui par je ne sçay qu'elle fantaisie et trop grand amour de la nouveauté quittoient, leur froc et la banniere de l'eglise romaine pour s'enroller sous celle de Luther et Calvin, et que ceux d'aujourd'huy ne sont admis à l'exercice de leur ministere qu'apres un long et rude examen sur les trois langues de la saincte escriture, et les principaux poincts de la philosophie et theologie : il y a bien de l'apparence, dy-je, qu'excepté les passages controversez ils peuvent quelque fois bien rencontrer sur les autres, comme en beaucoup de traictez indifferents sur lesquels ils travaillent souvent avec beaucoup d'industrie et de felicité.

C'est pourquoy puis qu'il est necessaire que nos docteurs les trouvent en quelques lieux pour les refuter, que M. De T n'a point fait difficulté de les recueillir, que les anciens peres et docteurs les avoient chez eux, que beaucoup de religieux les gardent en leurs bibliotheques, qu'on ne fait point scrupule d'avoir un thalmud ou un alcoran qui vomissent mille blasphemes contre Jesus-Christ et nostre religion, beaucoup plus dangereux que ceux des heretiques, que Dieu nous permet de tirer profit de nos ennemis, suivant ce qui est dit par le psalmiste, (...), qu'ils ne peuvent estre prejudiciables qu'à ceux qui estans destituez d'une bonne conduitte se laissent emporter au premier vent qui souffle, et s'ombragent de chenevotes ; et pour conclure en un mot, puis que l'intention qui determine toutes nos actions au bien ou mal n'est point vicieuse ny cauterisée ; je croy qu'il n'y a point d'extravagances ou de danger d'avoir dans une bibliotheque (sous la caution neantmoins d'une licence et permission prise de qui il appartiendra) toutes les oeuvres des plus doctes et fameux heretiques, tels qu'ont esté Luther, Melancthon, Pomeran, Bucer, Calvin, Beze, Daneau, Gaultier, Hospinian, Paré, Bulenger, Marlorat, Chemnitius, Bernard Occhim, Pierre martyr, Illiricus, Osiander, Musculus, les centuriateurs, Du Jong, Mornay, Du Moulin, voire mesmes plusieurs autres de moindre consequence, (...).

Il faut pareillement tenir pour maxime, que tous les corps et assemblages des divers autheurs qui ont escrit sur un mesme sujet, tels que sont le thalmud, les conciles, la bibliotheque des peres, (...), tous ceux qui contiennent de semblables recueils, doivent necessairement estre mis dans les bibliotheques : d'autant qu'ils nous sauvent en premier lieu la peine de rechercher une infinité de livres grandement rares et curieux ; secondement parce qu'ils font place à beaucoup d'autres, et soulagent une bibliotheque ; tiercement parce qu'ils nous ramassent en un volume et commodément ce qu'il nous faudroit chercher avec beaucoup de peine en plusieurs lieux ; et finalement pource qu'ils tirent apres eux une grande espargne, estant certain qu'il ne faut pas tant de testons pour les acheter, qu'il faudroit d'escus si on vouloit avoir separément tous ceux qu'ils contiennent. Je tiens encore pour un precepte autant necessaire que les precedents, qu'il faut trier et choisir d'entre le grand nombre de ceux qui ont escrit et escrivent journellement, ceux qui paroissent comme un aigle dans les nuées, ou comme un astre brillant et lumineux parmy les tenebres, j'entends ces esprits qui ne sont pas du commun, (...), et desquels on se peut servir comme de maistres tres-parfaicts en la cognoissance de toutes choses, et de leurs oeuvres comme d'une pepiniere de toute sorte de suffisance, pour enrichir une bibliotheque non seulement de tous leurs livres, mais mesme de leurs moindres fragments, papiers descousus, et mots qui leur eschappent. Car tout ainsi que ce seroit mal employer le lieu et l'argent que de vouloir ramasser toutes les oeuvres, et je ne sçay quels fatras de certains autheurs vulgaires et mesprisez : aussi seroit-ce une inexcusable à ceux qui font profession d'avoir tous les meilleurs livres, d'en negliger aucun, par exemple d'Erasme, Chiaconus, Onuphre, Turnebe, Lipse, Genebrard, Antonius Augustinus, Casaubon, Saumaise, Bodin, Cardan, Patrice, Scaliger, Mercurial, et autres, les oeuvres desquels il faut prendre à yeux clos et sans aucun choix, le reservant pour ne point nous tromper és livres rampans de ces autheurs qui sont beaucoup plus rudes et grossiers : d'autant que tout ainsi que l'on ne peut trop avoir de ce qui est bon et choisi à l'eslite, de mesme aussi ne sçauroit-on avoir trop peu de ce qui est mauvais, et de quoy l'on ne doit esperer aucune utilité ou profit manifeste.

Il ne faut aussi oublier toutes sortes de lieux communs, dictionaires, meslanges, diverses leçons, recueils de sentences, et telles autres sortes de repertoires, parce que c'est autant de chemin fait et de matiere preparée pour ceux qui ont l'industrie d'en user avec advantage, estant certain qu'il y en a beaucoup qui font merveille de parler et d'escrire sans qu'ils ayent guere veu d'autres volumes que ces mentionnés ; d'où vient que l'on dit communément que le calepin, qui se prend pour toutes sortes de dictionaires, est le gaignepain des regens, et quand je diray de beaucoup d'entre les plus fameux personnages, ce ne sera pas sans raison, puis qu'un des plus celebres entre les derniers en avoit plus d'une cinquantaine où il estudioit perpetuellement, et que le mesme ayant trouvé un mot difficile à l'ouverture du livre des equivoques, comme il luy fut presenté, il eut incontinent recours à l'un de ces dictionaires, et transcrivit d'iceluy plus d'une page d'escriture sur la marge dudit livre, et ce en presence de l'un de mes amis et des siens, auquel il ne se peut garder de dire que ceux qui verroient cette remarque croiroient facilement qu'il auroit esté plus de deux jours à la faire, combien qu'il n'eust eu que la peine de la descrire. Et pour moy je tiens ces collections grandement utiles et necessaires, eu esgard que la briefveté de nostre vie et la multitude des choses qu'il faut aujourd'huy sçavoir pour estre mis au rang des hommes doctes ne nous permettent pas de pouvoir tout faire de nous mesme : joint que n'estant permis à un chacun ny en tous siecles de pouvoir travailler à ses propres frais et despens, et sans rien emprunter d'autruy, quel mal y a-il si ceux qui ont l'industrie d'imiter la nature et de tellement diversifier et approprier à leur sujet ce qu'ils tirent des autres, (...), empruntent de ceux qui semblent n'estre faicts que pour prester, et puisent dans les reservoirs et magasins destinez à cet effet, puis que nous voyons d'ordinaire que les peintres et les architectes font des ouvrages excellens et admirables par le moyen des couleurs et materiaux que les autres leur broyent et leur preparent.

Finalement il faut pratiquer en cette occasion l'aphorisme d'Hipocrate, qui nous advertit de donner quelque chose au temps, au lieu et à la coustume, c'est à dire, que certaine sorte de livres ayant quelque fois le bruit et la vogue en un pays qui ne l'a pas en d'autres, et au siecle present qui ne l'avoit pas au passé, il est bien à propos de faire plus grande provision d'iceux que non pas des autres, ou au moins d'en avoir une telle quantité, qu'elle puisse tesmoigner que l'on s'accommode au temps, et que l'on n'est pas ignorant de la mode et de l'inclination des hommes. Et de là vient que l'on trouve ordinairement dans les bibliotheques de Rome, Naples et Florance beaucoup de positive, dans celles de Milan et Pavie beaucoup de jurisprudence, dans celles d'Espagne et les vieilles de Cambrige et Oxfort en Angleterre beaucoup de scholastiques, et dans celles de France beaucoup d'histoires et controverses. Pareille diversité s'estant fait aussi remarquer en la suitte des siecles, à raison de la vogue qu'ont eu consecutivement la philosophie de Platon, celle d'Aristote, la scholastique, les langues et la controverse, qui ont toutes chacunes à leur tour dominé en divers temps, comme nous voyons que l'estude des morales et politiques occupe maintenant la plus-part des meilleurs et plus forts esprits de celuy-cy, pendant que les plus foibles s'amusent apres les fictions et romans, desquels je ne diray rien autre chose, sinon ce qui fut dit autrefois par Symmaque de semblables narrations, (...).

Ces preceptes et maximes communes estans si amplement expliquées, il ne reste plus pour accomplir ce titre de la qualité des livres, que d'en proposer deux ou trois autres, lesquelles seront indubitablement receuës comme extravagantes et tres-propres à heurter l'opinion commune et inveterée dans les esprits de beaucoup, qui n'estiment les autheurs que par le nombre ou la grosseur de leurs volumes, et ne jugent de leur merite et valeur que par ce qui a coustume de nous faire mespriser toutes les autres choses, sçavoir leur grande vieillesse et caducité, semblables en cela au vieillard d'Horace, lequel nous est representé dans ses oeuvres, (...) : la nature de ces esprits dominez estant pour l'ordinaire si esprise et amoureuse de ces images et pieces antiques, qu'ils ne voudroient pas regarder de bien loing quelque livre que se puisse estre si son autheur n'est beaucoup plus vieil que la mere d'Evandre, ou que les ayeuls de Carpentra, ny croire que le temps puisse estre bien employé à la lecture des modernes, parce que suivant leur dire ils ne sont que des rapsodeurs, copistes ou plagiaires, et n'approchent en rien de l'esloquence, de la doctrine et des belles conceptions des anciens, ausquels pour cette cause ils se tiennent aussi fermement attachez comme le poulpe fait à la roche, sans se partir en aucune façon de leurs livres ou de leur doctrine, qu'ils n'estiment jamais comprendre qu'apres l'avoir remaschée tout le temps de leur vie : d'où ce n'est point chose extraordinaire si au bout du compte et apres avoir bien sué et travaillé ils ressemblent à cet ignorant Marcellus qui se vantoit par tout d'avoir leu huict fois Thucidide, ou à ce Nonnus duquel parle Suidas qui avoit leu dix fois tout son Demosthene, sans avoir jamais sceu plaider ou discourir de chose quelconque. Et à vray dire il n'y a rien si propre à faire devenir un homme pedant et l'esloigner du sens commun, que de mespriser tous les autheurs modernes, pour courtiser seulement quelques-uns des anciens, comme s'ils estoient seuls paisibles gardiens des plus grandes faveurs que peut esperer l'esprit de l'homme, ou que la nature, jalouse de l'honneur et du credit de ses fils aisnez, eust voulu pousser sa puissance jusques à l'extremité pour les combler de ses graces et liberalitez à nostre prejudice : certes je ne croy pas qu'autres que ces messieurs les antiquaires se puissent arrester à telles opinions, ou se repaistre de telles fables, veu que tant de nouvelles inventions, tant de nouveaux dogmes et principes, tant de changemens divers et inopinez, tant de livres doctes, de fameux personnages, de nouvelles conceptions, et finalement tant de merveilles que nous voyons tous les jours naistre, tesmoignent assez que les esprits sont plus forts, polis et deliez qu'ils ne furent jamais, et que l'on peut dire et jourd'huy avec toute asseurance et verité, (...).

D'où l'on peut inferer que ce seroit une grande faute à celuy qui fait profession d'assembler une bibliotheque, de ne point mettre en icelle Piccolomini, Zabarelle, Achillin, Niphus, Pomponace, Licetus, Cremonin, aupres des vieux interpretes d'Aristote, Alciat, Tiraqueau, Cuias, Du Moulin, aupres le code et le digeste ; la somme d'Alexandre De Ales et de Henry De Gandavo, aupres de celle de S Thomas ; Clavius, Maurolic et Viette, aupres d'Euclide et Archimede ; Montagne, Charon, Verulam, aupres de Seneque et Plutarque Fernel, Sylvius, Fusth, Cardan, aupres de Galien et d'Avicenne ; Erasme, Casaubon, Scaliger, Saumaise, aupres de Varron ; Commines, Guicciardin, Sleidan, aupres de Tite-Live et Corneille Tacite, l'Arioste, Tasso, Du Bertas, aupres Homere et Virgile, et ainsi consecutivement de tous les modernes plus fameux et renommez : veu que si le capricieux Boccalini avoit entrepris de les balancer avec les anciens, peut-estre en trouveroit-il beaucoup de plus foibles, et fort peu qui les surpassent.

La seconde maxime, qui ne semblera, peut-estre, moins tenir du paradoxe que cette premiere, est directement contre l'opinion de ceux qui n'estiment les livres qu'au prix et à la grosseur, et qui sont bien aises et se croyent bien honorez d'avoir un Tostat dans leurs bibliotheques, parce qu'il y a quatorze volumes, ou un Salmeron, parce qu'il y en a huict, negligeans de recueillir et ramasser une infinité de petits livrets parmy lesquels il s'en trouve souvent de si bien faicts et doctement composez, qu'il y a plus de profit et de contentement à les lire, que non pas beaucoup d'autres de ces rudes et pesantes masses indigestes et mal polies, au moins pour la plus-part ; le dire de Seneque estant tres-veritable, (...), ne pouvant estre appliqué à ces livres monstrueux et gigantins : comme en effet il est presque impossible que l'esprit demeure tousjours tendu à ces grands labeurs, et que le ramas et la grande confusion des choses que l'on veut dire n'estouffent la fantaisie et n'embroüillent trop la raciocination ; où au contraire ce qui nous doit faire estimer les petits livres, qui traictent, neantmoins de choses serieuses ou de quelque beau point relevé, c'est que l'autheur d'iceux domine entierement à son sujet, comme l'ouvrier et l'artisan fait à sa matiere, et qu'il peut mieux le remascher, cuire, digerer, polir et former à sa fantaisie, que non pas les vastes collections de ces grands et prodigieux volumes, qui pour cette cause sont le plus souvent des panspermies, des cahos et abysmes de confusion, (...).

Et de là vient un succez si inegal qui se fait remarquer entre les uns et les autres, comme par exemple entre les satyres de Perse et de Philelphe, l'examen des esprits de Huarto et celuy de Zara, l'arithemetique de Ramus et celle de Forcadel, le prince de Machiavel et celuy de plus de cinquante pedants, la logique de Du Moulin et celle de Vallius, les annales de Volusius et l'histoire de Saluste, le manuël d'Epictete et les secrets moraux de Loriot, les oeuvres de Fracastor et celles d'une infinité de philosophes et medecins ; tant est veritable ce qu'a fort bien dit S Thomas, (...), et ce que Cornelius Gallus avoit aussi coustume de se promettre de ses petites elegies, (...).

Mais ce qui me fait le plus estonner en cette rencontre, c'est que tel negligera les oeuvres et opuscules de quelque autheur, pendant qu'elles sont esparses et separées, qui brusle par apres du desir de les avoir quand elles sont recueillies et ramassées en un volume : et tel negligera, par exemple, les oraisons de Jacques Criton, parce qu'elles ne se trouvent qu'imprimées separément, qui aura dans sa bibliotheque celles de Raymond, Gallutius, Nigronius, Bencius, Perpinian, et de beaucoup d'autres autheurs, non pas qu'elles soient meilleures ou plus disertes et esloquentes que celles de ce docte escossois, mais parce qu'elles se trouvent reserrées et contenuës dans de certains volumes. Certes si tous les petits livres devoient estre negligez, il ne faudroit tenir compte des opuscules de S Augustin, des morales de Plutarque, des livres de Galien, ny de la plus-part de ceux d'Erasme, de Lipse, Turnebe, Mizault, Sylvius, Calcagnin, François Pic, et de beaucoup d'autheurs semblables, non plus que de trente ou quarante petits autheurs en medecine et philosophie des meilleurs et plus anciens d'entre les grecs, et de beaucoup d'avantage d'entre les theologiens, parce qu'ils ont tous esté divulguez à part et separément les uns apres les autres, et en si petit volume, que les plus grands d'iceux n'excedent pas souvent un demy alphabet. C'est pourquoy, puis que l'on peut assembler par la relieure ce qui ne l'a point esté par l'impression, conjoindre avec d'autres ce qui se perdroit s'il estoit seul, et qu'il se rencontre en effet une infinité de matieres qui n'ont esté traictées que dans ces petits livres, desquels on peut dire à bon droict comme Virgile des abeilles, (...) : il me semble qu'il est tres à propos de les tirer des estalages, des vieux magazins, et de tous leslieux où ils se rencontrent, pour les faire relier avec ceux qui sont ou de mesme autheur, ou de pareille matiere, et puis apres les mettre dans une bibliotheque, où je m'asseure qu'ils feront admirer l'industrie et la diligence des Esculapes qui ont si bien sceu rejoindre et rassembler les membres desunis et separez de ces pauvres Hippolites.

La troisiesme, que l'on jugeroit de prime face estre contraire à la premiere, combat particulierement l'opinion de ceux qui sont tellement coiffez et embeguinez de tous les nouveaux livres, qu'ils negligent et ne tiennent compte non de tous les anciens, mais des autheurs qui ont eu la vogue et qui ont paru fleurissans et renommez depuis six ou sept cens ans, c'est à dire, depuis le siecle de Boece, Symmaque, Sydonius et Cassiodore, jusques à celuy de Picus. Politian, Hermolaus, Gaza, Philelphe, Poge et Trapezonce, comme sont beaucoup de philosophes, theologiens, jurisconsultes, medecins, et astrologues, que leur seule impression noire et gothique met dans le dégoust des plus delicats estudians de ce siecle, et ne permet pas qu'ils les puissent regarder qu'à la honte et au mespris de ceux qui les ont composez. Ce qui vient proprement de ce que les siecles ou les esprits qui paroissent en iceux ont des genies divers et des inclinations du tout differentes, ne demeurans gueres dans un mesme ton de pareille estude ou affection aux sciences, et n'ayans rien si asseuré que leur vicissitude ou changement. Comme en effet nous voyons qu'incontinent apres la naissance de la religion chrestienne (pour ne prendre les choses de plus haut) la philosophie de Platon estoit universellement suivie dans les escholes, et que la pluspart des peres estoient platoniciens : ce qui dura jusques à ce qu'Alexandre Aphrodisée luy donna puissamment du coulde pour installer celle des peripateticiens, et tracer le chemin aux interpretes grecs et latins, qui demeurerent tellement attachez à l'explication du texte d'Aristote, que l'on y croit encore sans beaucoup de fruict, si les questionnaires et scholastiques, induits par Abelard, ne se fussent mis sur les rangs pour dominer par tout, avec une approbation la plus grande et la plus universelle qui ait jamais esté donnée à chose quelconque, et ce par l'espace d'environ cinq ou six siecles, apres lesquels les heretiques nous rappellerent à l'interpretation des sainctes lettres, et furent occasion de nous faire lire la bible et les saincts peres, qui avoient tousjours esté negligez parmy ces ergotismes : en suitte de quoy la controverse a maintenant lieu pource qui est de la theologie, et les questionnaires avec les novateurs, qui bastissent sur de nouveaux principes, ou restablissent ceux des anciens Empedocle, Epicure, Philolaus, Pithagore, et Democrite, pour la philosophie ; les autres facultez n'ayans esté exemptes de pareils changemens, parmy lesquels c'est tousjours l'ordinaire des esprits qui suivent ces fougues et changemens, comme le poisson fait la marée, de ne se plus soucier de ce qu'ils ont une fois quitté, et de dire temerairement avec le poëte Calphurne, (...).

De façon que la pluspart des bons autheurs demeurent parce moyen sur la greve abandonnez et negligez d'un chacun, pendant que de nouveaux censeurs ou plagiaires s'introduisent en leur place et s'enrichissent de leurs despoüilles. Et à la verité c'est une chose estrange et peu raisonnable, que nous suivions et approuvions, par exemple, le college des Conimbres et Suarez en ce qui est de la philosophie, et que nous venions à negliger les oeuvres d'Albert Le Grand, Niphus, Aegidius, Saxonia, Pomponace, Achillin, Hervié, Durand, Zimare, Buccaferre, et d'un grand nombre de semblables, desquels tous ces gros livres que nous suivons maintenant sont compilez et transcrits mot pour mot : que nous faisions une estime nompareille d'Amatus, Thrivier, Capivacce, Montanus, Valescus, et de presque tous les medecins modernes, et que nous ayons honte de fournir une bibliotheque des livres de Hugo Senensis, Jacobus De Forlivio, Jacques Des Parts, Valescus, Gordon, Thomas, Dinus, et de tous les avicennistes, qui ont veritablement suivy le genie de leur siecle, rude et grossier en ce qui estoit de la barbarie de la langue latine, mais qui ont tellement penetré le fonds de la medecine, au recit mesme de Cardan, que beaucoup de nos modernes n'ayans pas assez de resolution, de constance et d'assiduité pour les suivre et imiter, sont contraints de prendre quelques de leurs raisons pour les revestir à la mode, et en faire parade et jactance, demeurans tousjours sur la superficie des fleurs et du langage, où sans penetrer plus avant, (...).

Quoy doncques sera-il dit que Scaliger et Cardan, les deux plus grands personnages du dernier siecle, s'accordent en un seul poinct, qui concerne les loüanges de Richard Suisset, autrement nommé Calculator, qui vivoit il n'y a que trois cens ans, pour le mettre au rang des dix plus grands esprits qui ayent jamais esté, sans que nous puissions trouver ses oeuvres dans toutes les plus fameuses bibliotheques ? Et qu'elle apparence y a-il que les sectateurs d'Occham prince des nominaux soient eternellement privez de voir ses oeuvres, aussi bien que tous les philosophes celles de ce grand et renommé Avicenne ? Certes, il me semble que c'est apporter peu de jugement au choix et à la cognoissance des livres, que de negliger tous ces autheurs qui devroient estre tant plus recherchez que plus ils sont rares, et qu'ils pourront d'oresnavant tenir la place des manuscripts, puis que l'esperance est comme perduë qu'on les remette jamais sous la presse.

Finalement la quatriesme et derniere de ces maximes n'a pour but que le choix et triage que l'on doit faire des manuscripts, pour s'opposer à cette façon introduitte et receuë de beaucoup par la grande vogue qu'ont maintenant les critiques, qui nous ont appris et accoustumez à faire plus d'estat de quelques manuscripts de Virgile, Suetone, Perse, Terence, ou quelques autres d'entre les vieux autheurs, que non pas de ceux des galands hommes qui n'ont jamais esté veus ny imprimez : comme s'il y avoit quelque apparence de suivre tousjours le caprice ou les imaginations et tromperies de ces nouveaux censeurs et grammairiens, qui employent inutilement le meilleur de leur âge à forger des conjectures et mandier les corrections du Vatican, pour changer, corriger ou suppléer le texte de quelque autheur qui aura, peut-estre, des-ja consommé le labeur de dix ou douze hommes, quoy qu'on s'en peut passer facilement à un besoin : ou que ce ne fust pas une chose miserable et digne de commiseration de laisser perdre et pourrir entre les mains de quelques possesseurs ignorans les veilles et les labeurs d'une infinité de grands personnages qui ont sué et travaillé, peut estre, tout le temps de leur vie pour nous donner la cognoissance de ce qui estoit auparavant incognu, ou esclaircir quelque matiere utile et necessaire. Et ce neantmoins l'exemple de ces censeurs a esté telle, et leur auctorité si forte et puissante, que nonobstant le dégoust que nous ont donné Robortel et quelques autres d'entre eux, mesme de ces manuscripts, ils ont tellement neantmoins ensorcelé le monde à leur recherche, qu'il n'y a qu'eux aujourd'huy qui soient en vogue et jugez dignes d'estre mis dans les bibliotheques, (...) ! C'est pourquoy puis qu'il est de l'essence d'une bibliotheque d'avoir grand nombre de manuscripts, parce qu'ils sont maintenant les plus estimez et les moins communs ; j'estime, m. Sous le respect de votre meilleur advis, qu'il seroit tres à propos de poursuivre comme vous avez commencé, en fournissant la vostre de ceux qui ont esté composez à pur et à plein sur quelque belle matiere, pareils à ceux-là que vous avéz des-ja fait rechercher non seulement icy, mais à Constantinople, et tous ceux que l'on peut avoir de beaucoup d'autheurs anciens et nouveaux, specifiez par Neander, Cardan, Gesner, et par tous les catalogues des meilleures bibliotheques ; que non pas de toutes ces copies de livres qui ont des-ja esté imprimez, et qui ne peuvent tout au plus nous soulager que de quelques et vaines legeres conjectures. Combien toutesfois que ce ne soit pas mon intention de mettre dans le mespris et faire negliger totalement cette sorte de livres, sçachant bien par l'exemple de Ptolomée qu'elle estime on doit tousjours faire des autographes ; ou de ces deux sortes de manuscripts que Robortel, pour ce qui est de la critique, prefere à tous les autres.

J'adjouste en fin pour clorre et fermer ce poinct de la qualité des livres, que pour ce qui est tant de cette sorte que des imprimez, il ne faut pas seulement observer les circonstances susdites, et les choisir suivant icelle, comme par exemple, s'il est question de la republique de Bodin, inferer qu'on la doit prendre, parce que l'autheur a esté des plus fameux et renommez de son siecle, et qui a le premier entre les modernes traicté de ce sujet, que la matiere en est grandement necessaire, et recherchée au temps où nous sommes, que le livre est commun, traduit en plusieurs langues, et imprimé presque tous les cinq ou six ans. Mais qu'il faut encore observer celle-cy, sçavoir, d'acheter un livre quand l'autheur en est bon, quoy que la matiere en soit commune et triviale, ou bien quand la matiere en est difficile et peu cognuë, quoy que l'autheur ne soit pas estimé ; et en pratiquer ainsi une infinité d'autres qui se rencontrent dans les occasions, sans qu'on les puisse facilement reduire en art ou methode.

Ce qui me fait croire que celuy-là se peut dignement acquitter de cette charge qui n'a point le jugement fourbe, temeraire, rempli d'extravagances, et preoccupé de ces opinions pueriles, qui excitent beaucoup de personnes à mespriser et rebuter promptement tout ce qui n'est pas à leur goust, comme si chacun se devoit regler suivant les caprices de leurs fantaisies, ou que ce ne fust pas le devoir d'un homme sage et prudent de parler de toutes choses avec indifference, et n'en juger jamais suivant l'estime qu'en font les uns ou les autres, mais plustost suivant le jugement qu'il en faut faire eu esgard à leur propre usage et nature.

CHAPITRE 5

Par quels moyens on les peut recouvrer.

Or, m. apres avoir monstré par ces trois premiers poincts la façon qu'il faut suivre pour s'instruire à dresser une bibliotheque, de combien de livres il est à propos qu'elle soit fournie, et de qu'elle qualité il les convient prendre et choisir ; celuy qui suit maintenant doit rechercher par quels moyens on les peut avoir, et ce qu'il faut faire pour le progrez et l'augmentation d'iceux. Sur quoy je diray veritablement que le premier precepte qu'on peut donner sur ce poinct est de conserver soigneusement ceux qui sont acquis et que l'on acquiert tous les jours, sans permettre qu'aucun se perde ou deperisse en aucune façon. (...). Joint que ce ne seroit pas le moyen de beaucoup augmenter si ce qui s'amasse avec peine et diligence venoit à se perdre et deperir faute d'en avoir le soin : suivant quoy Ovide et les plus sages ont eu raison de dire que ce n'estoit pas une moindre vertu de bien conserver que d'acquerir, (...).

Le second est de ne rien negliger de tout ce qui peut entrer en ligne de compte et avoir quelque usage, soit à l'esgard de vous ou des autres : comme sont les libelles, placarts, theses, fragments, espreuves, et autres choses semblables, que l'on doit estre soigneux de joindre et assembler suivant les diverses sortes et matieres qu'ils traictent, parce que c'est le moyen de les mettre en consideration, et faire en sorte, (...) : autrement il arrive d'ordinaire que pour avoir mesprisé ces petits livres qui ne semblent que bagatelles et pieces de nulle consequence, on vient à perdre une infinité de beaux recueils qui sont quelquefois des plus curieuses pieces d'une bibliotheque.

Le troisiesme se peut tirer des moyens qui furent pratiquez par Richard De Bury evesque de Dunelme et grand chancelier et thresorier d'Angleterre, qui consistent à publier et faire cognoistre à un chacun l'affection que l'on porte aux livres, et le grand desir que l'on a de dresser une bibliotheque : car cette chose estant commune et divulguée, il est indubitable que si celuy qui a ce dessein est en assez grand credit et auctorité pour faire plaisir à ses amis ; il n'y aura aucun d'iceux qui ne tienne à faveur de luy faire present des plus curieux livres qui tomberont entre ses mains, qui ne luy donne tres-volontiers entrée dans sa bibliotheque, ou en celles de ses amis, bref qui n'ayde et ne contribuë à son dessein tout ce qui luy sera possible : comme il est fort bien remarqué par ledit Richard De Bury en ces propres termes, que je transcris ; d'autant plus volontiers que son livre est fort rare, et du nombre de ceux qui se perdent par nostre negligence, (...).

A quoy il adjouste encore les divers voyages qu'il fit en qualité d'ambassadeur, et le grand nombre de personnes doctes et curieuses, du labeur et de l'industrie desquelles il se servoit en cette recherche. Et ce qui m'induit encore davantage à croire que ces pratiques auroient quelque efficace, c'est que je cognois un homme lequel estant curieux de medailles, peintures, statuës, camayeux, et autres pieces et jolivetez de cabinet, en amassa par cette seule industrie pour plus de douze mille livres, sans en avoir jamais desboursé quatre. Et à la verité je tiens pour maxime que toute personne courtoise et de bon naturel doit tousjours seconder les intentions loüables de ses amis, pourveu qu'elles ne prejudicient point aux siennes. De sorte que celuy qui a des livres, medailles ou peintures qui luy sont plustost venuës par hazard que non pas qu'il en affectionne la joüyssance, ne fera point de difficulté d'en accommoder celuy de ses amis qu'il cognoistra les desirer et en estre curieux. Je rapporterois volontiers à ce troisiesme precepte la ruse que pourroient pratiquer et exercer les magistrats et personnes auctorisées par le moyen de leurs charges : mais je ne veux point l'expliquer plus ouvertement que par le simple narré du stratageme duquel se servirent les venitiens pour avoir les meilleurs manuscripts de Pinellus incontinent apres qu'il fut decedé ; car sur l'advis qu'ils eurent que l'on estoit apres pour transporter sa bibliotheque de Padoüe à Naples, ils envoyerent soudain un de leurs magistrats qui saisit cent balles de livres, entre lesquelles il y en avoit quatorze qui contenoient les manuscripts, et deux d'icelles plus de trois cens commentaires sur toutes les affaires d'Italie, alleguant pour leurs raisons qu'encore bien qu'on eust permis au defunct seigneur Pinelli, eu esgard à sa condition, son dessein, sa vie loüable et sans reproche, et principalement à l'amitié qu'il avoit toujours tesmoignée à la republique, de faire copier les archives et registres de leurs affaires ; il n'estoit pas neantmoins à propos ny expedient pour eux que telles pieces vinssent à estre divulguées, descouvertes et communiquées apres sa mort. Sur quoy les heritiers et executeurs testamentaires qui estoient puissants et auctorisez, ayans fait instance, on retint seulement deux cens de ces commentaires, qui furent mis dans une chambre particuliere, avec cette inscription, (...).

Le quatriesme est de retrancher la despense superfluë que beaucoup prodiguent mal à propos à la relieure et à l'ornement de leurs volumes, pour l'employer à l'achapt de ceux qui manquent, afin de n'estre point sujets à la censure de Seneque, qui se moque plaisamment de ceux-là, (...) ; et ce d'autant plus volontiers que la relieure n'est rien qu'un accident et maniere de paroistre sans laquelle, au moins si belle et somptueuse, les livres ne laissent pas d'estre utiles, commodes et recherchez, n'estant jamais arrivé qu'à des ignorans de faire cas d'un livre à cause de sa couverture, parce qu'il n'est pas des volumes comme des hommes, qui ne sont cognus et respectez que par leur robe et vestement : de maniere qu'il est bien plus utile et necessaire d'avoir, par exemple, grande quantité de livres fort bien reliez à l'ordinaire, que d'en avoir seulement plein quelque petite chambre ou cabinet de lavez, dorez, reglez, et enrichis avec toute sorte de mignardise, de luxe et de superfluité.

Le cinquiesme concerne l'achapt que l'on doit faire d'iceux, et se peut diviser en quatre ou cinq articles, suivant les divers moyens que l'on peut tenir pour le pratiquer. Or entre iceux je mettrois volontiers pour le premier le plus prompt, facile et avantageux de tous les autres, celuy qui se fait par l'acquisition de quelque autre bibliotheque entiere et non dissipée. Je l'appelle prompt, parce qu'en moins d'un jour vous pouvez avoir un grand nombre de livres doctes et curieux, qui ne se pourroient pas quelque fois ramasser pendant la vie d'un homme. Je le dis facile, parce que l'on espargne toute la peine et le temps qu'il faudroit consommer à les achepter separément. Je le nomme en fin avantageux, parce que si les bibliotheques qu'on achepte sont bonnes et curieuses, elles servent à augmenter le credit et la reputation de celles qui en sont enrichies. D'où nous voyons que Possevin fait beaucoup d'estat de celle du cardinal de Joyeuse, parce qu'elle estoit composée de trois autres, l'une desquelles avoit esté à Mr Pithou, et que toutes les plus renommées bibliotheques ont pris leur accroissement de cette sorte, comme par exemple, celle de S Marc à Venise par le don qu'y fit le cardinal Bessarion de la sienne ; celle de Lescurial par la grande qu'avoit amassée Hurtado De Mendoze ; l'ambroisienne de Milan par nonante balles qui y ont esté mises pour une seule fois du naufrage et de la ruine de celle de Pinelli ; celle de Leyde par plus de deux cens manuscripts és langues orientales que Scaliger y laissa par son testament ; et finalement celle d'Ascagne Colomne par la tres-belle qu'a laissée le cardinal Sirlette. D'où je conjecture, m. Que la vostre ne peut manquer d'estre un jour tres-fameuse et renommée entre les plus grandes, à l'occasion de celle de m. Vostre pere, laquelle est des-ja si celebre et cognuë par le recit qu'en ont fait à la posterité la Croix, Fauchet, Marsille, Turnebe, Passerat, Lambin, et presque tous les galands hommes de cette volée, qui n'ont point esté mescognoissans du plaisir et de l'instruction qu'ils en ont receu.

Apres quoy il me semble que le moyen qui approche le plus de ce premier, est de foüiller et revisiter souvent toutes les boutiques des libraires frippiers et les vieux fonds et magazins, tant de livres reliez que de ceux qui ont tousjours esté reservez en blanc depuis une si longue suitte d'années, que beaucoup de personnes peu entenduës et versées en cette recherche ne jugent pas qu'ils puissent avoir d'autre usage sinon que d'empescher, (...).

Combien qu'il s'y rencontre ordinairement de tres-bons livres, et que leur emploitte estant bien mesnagée, il y ait moyen d'en avoir plus pour dix escus que l'on n'en pourroit acheter pour quarante ou cinquante si on les prenoit en divers endroits et pieces apres autres ; pourveu neantmoins que l'on se vueille garnir de soin et de patience, et considerer que l'on ne peut pas dire d'une bibliotheque ce que certains poëtes flatteurs ont dit de nostre ville, (...) : estant impossible de pouvoir venir à bout si promptement d'une chose où Salomon dit qu'il n'y aura jamais de fin, (...) ; et à l'accomplissement de laquelle, combien que M De Thou ait travaillé vingt ans, Pinelli cinquante, et beaucoup d'autres tout le temps de leur vie ; il ne faut pas croire toutesfois qu'ils soient venus à la derniere perfection, que l'on peut bien souhaitter sans la pouvoir atteindre en fait de bibliotheque.

Mais parce qu'il est encore necessaire pour l'accroissement et augmentation d'une telle piece, de la fournir soigneusement de tous les livres nouveaux de quelque merite et consideration qui s'impriment en toutes les parties de l'Europe, et que Pinellus et les autres ont entretenu pour ce faire des correspondances avec une infinité d'amis estrangers et marchands forains ; il seroit bien à propos de pratiquer le mesme, ou au moins de choisir et faire election de deux ou trois marchands riches, sçachans et pratiquez en leur vacation, qui par leurs diverses intelligences et voyages pourroient fournir toutes sortes de nouveautez, et faire diligente recherche et perquisition de ceux qu'on leur demanderoit par catalogues. Ce qu'il n'est pas necessaire de pratiquer pour les vieux livres, d'autant que le plus seur moyen d'en recouvrer beaucoup et à bon compte c'est de les rechercher indifferemment chez tous les libraires, où la longueur du temps et les diverses occasions ont coustume de les disperser et respandre.

Je ne veux toutesfois inferer par tout le bon mesnage proposé cy-dessus, qu'il ne soit quelquefois necessaire de franchir les bornes de cette oeconomie pour acheter à prix extraordinaire certains livres qui sont si rares, qu'à peine les peut-on tirer d'entre les mains de ceux qui les cognoissent que par cette seule invention. Mais le temperament qu'il convient apporter à cette difficulté est de considerer que les bibliotheques ne sont dressées ny estimées qu'en consideration du service et de l'utilité que l'on en peut recevoir, et que par consequent il faut negliger tous ces livres et manuscripts qui ne sont prisez que pour le respect de leur antiquité, figures, peintures, relieures, et autres foibles considerations, comme sont le Froissard que certains marchands vouloient vendre il n'y a pas long-temps trois cens escus, le bocace des nobles malheureux qui en estoit estimé cent, le missel et la bible de Guinart, les heures que l'on dit bien souvent n'avoir point de prix à cause de leurs figures et vignettes, les Tite-Live et autres historiens manuscripts et en luminez, les livres de la Chine et du Japon, ceux qui sont tirez en parchemin, papier de couleur, de coton extremement fin, et avec de grandes marges, et plusieurs autres de pareille estoffe, pour employer ces grandes sommes qu'ils cousteroient à des volumes qui soient plus utiles dans une bibliotheque que non pas tous ces precedens ou ceux qui leur ressemblent, qui ne feront jamais tant estimer ceux qui se passionnent à les recouvrer, comme l'ont esté Ptolomée Philadelphe pour avoir donné quinze talents des oeuvres d'Euripide, Tarquin qui acheta les trois livres de la sibylle autant qu'il eust fait tous les neuf ensemble, Aristote qui donna soixante et douze mille sesterces des oeuvres de Speusippe, Platon qui employa mille deniers pour celles de Philolaus, Bessarion qui acheta pour trente mille escus de livres grecs, Hurtado De Mendoze qui en fit venir de Levant la charge d'un grand navire, Pic De La Mirande qui despensa sept mille escus en manuscripts hebreux, chaldaïques et autres, et bref ce roy de France qui mit en depost sa vaisselle d'or et d'argent pour avoir la copie d'un livre qui estoit dans la bibliotheque des medecins de cette ville, comme il est amplement tesmoigné par les vieilles pancartes et registres de leur faculté.

J'adjouste qu'il seroit aussi besoin de sçavoir des parens et heritiers de beaucoup de galands hommes s'ils n'ont point laissé quelques manuscripts desquels ils se veulent deffaire, parce qu'il arrive souvent que la pluspart d'iceux ne font pas imprimer la moitié de leurs oeuvres, soit qu'ils soient prevenus par la mort, ou empeschez de ce faire par la despence, l'apprehension des diverses censures et jugemens, la crainte de n'avoir pas bien rencontré ; la liberté de leurs discours, le peu d'envie de paroistre, et autres raisons semblables qui nous ont privé d'avoir beaucoup de livres de Postel, Bodin, Marsille, Passerat, Maldenat, etc. Les manuscripts desquels se rencontrent assez souvent dans les estudes des particuliers, ou en la boutique des libraires. De mesme, aussi faudroit-il avoir le soin de sçavoir d'années en autres quels traictez les plus doctes regens des universitez prochaines doivent lire tant en leurs classes publiques que particulieres, pour estre soigneux d'en faire escrire des copies, et avoir par ce moyen facile un grand nombre de pieces aussi bonnes et autant estimées que beaucoup de manuscripts que l'on achete bien cher pour estre vieux et antiques, tesmoin le traicté des druides de M Marsille, l'histoire et le traicté des magistrats françois de M Grangier, la geographie de M Belurgey, les divers escrits de Messieurs Dautruy, Isambert, Seguin, du Val, D'Artis, et en un mot des plus renommez professeurs de toute la France.

Finalement celuy qui auroit autant d'affection envers les livres qu'avoit le Sieur Vincent Pinelli, pourroit aussi bien que luy faire visiter les boutiques de ceux qui achetent souvent des vieux papiers ou parchemins, pour voir s'il ne leur tombe rien par mesgarde ou autrement entre les mains qui soit digne d'estre recueilli pour une bibliotheque. Et à la verité nous devrions bien estre excitez à cette recherche par l'exemple de Pogius qui trouva le quintilian sur le comptoir d'un charcutier pendant qu'il estoit au concile de Constance, comme aussi par celuy de Papire Masson qui rencontra l'agobardus chez un relieur qui en vouloit endosser ses livres, et de l'asconius qui nous a esté donné par semblable rencontre. Mais d'autant neantmoins que ce moyen est aussi extraordinaire que l'affection de ceux qui s'en servent, j'ayme mieux le laisser à la discretion de ceux qui en voudront user, que non pas de le prescrire comme une regle generale et necessaire.

CHAPITRE 6

La disposition du lieu où on les doit garder.

Cette consideration du lieu qu'il faut choisir pour dresser et establir une bibliotheque, devroit bien estre d'aussi long discours comme les precedentes, si les preceptes que l'on en peut donner pouvoient estre aussi facilement executez comme ceux que nous avons deduits et expliquez cy-dessus. Mais d'autant qu'il n'appartient qu'à ceux-là qui veulent bastir des lieux exprés pour cet effet d'y observer precisément toutes les regles et circonstances qui dependent de l'architecture, beaucoup de particuliers estans contraints de se regler sur la diverse façon de leurs logemens pour placer leurs bibliotheques au moins mal qu'il leur est possible, il sembleroit quasi superflu d'en prescrire aucuns : et à dire vray je croy que c'est la seule occasion qui a meu tous les architectes à ne rien adjouster à ce qu'en avoit dit Vitruve. Toutesfois pour ne donner cet advis manque et imparfait, j'en diray briefvement mon opinion, afin qu'un chacun s'en puisse servir suivant qu'il en aura le pouvoir, ou qu'il la jugera veritable et conforme à sa volonté.

Pour ce qui est donc de la situation et de la place où l'on doit bastir ou choisir un lieu propre pour une bibliotheque, il semble que ce commun dire, (...), nous doive obliger à le prendre dans une partie de la maison plus reculée du bruit et du tracas, non seulement de ceux de dehors, mais aussi de la famille et des domestiques, en l'éloignant des ruës, de la cuisine, sale du commun, et lieux semblables, pour la mettre s'il est possible entre quelque grande court et un beau jardin où elle ait son jour libre, ses veuës bien estenduës et agreables, son air pur, sans infection de marets, cloaques, fumiets, et toute la disposition de son bastiment si bien conduitte et ordonnée, qu'elle ne participe aucune disgrace ou incommodité manifeste.

Or pour en venir à bout avec plus de plaisir et moins de peine, il sera tousjours à propos de la placer dans des estages du milieu, afin que la fraischeur de la terre n'engendre point le remugle, qui est une certaine pourriture qui s'attache insensiblement aux livres ; et que les greniers et chambres d'enhaut servent pour l'empescher d'estre aussi susceptible des intemperies de l'air, comme sont celles qui pour avoir leurs couvertures basses ressentent facilement l'incommodité des pluyes, neiges et grandes chaleurs. Ce que s'il n'est pas autrement facile d'observer, au moins faut-il prendre garde qu'elles soient élevées de la hauteur de quatre ou cinq degrez, comme j'ay remarqué que l'estoit l'ambroisienne à Milan, et le plus haut exaucées que l'on pourra, tant à raison de la beauté que pour obvier aux incommodités susdites : sinon le lieu se trouvant humide et mal-situé, il faudra avoir recours ou à la natte, ou aux tapisseries pour garnir les murailles, et au poisle ou bien à la cheminée, dans laquelle on ne bruslera que du bois qui fume peu pour l'eschauffer et desseicher pendant l'hyver et les jours des autres saisons qui seront plus humides.

Mais il semble que toutes ces difficultez et circonstances ne soient rien au prix de celles qu'il faut observer pour donner jour et percer bien à propos une bibliotheque, tant à cause de l'importance qu'il y a qu'elle soit bien esclairée jusques à ses coins plus éloignez, qu'aussi pour la diverse nature des vents qui doivent y souffler d'ordinaire, et qui produisent des effects aussi differents que le sont leurs qualitez et les lieux par où ils passent. Sur quoy je dis que deux choses sont à observer ; la premiere, que les croisées et fenestres de la bibliotheque (quand elle sera percée des deux costez) ne se regardent diametralement, sinon celles qui donneront jour à quelque table ; d'autant que par ce moyen les jours ne s'esvanoüyssant au dehors, le lieu en demeure beaucoup mieux esclairé. La seconde, que les principales ouvertures soient tousjours vers l'orient, tant à cause du jour que la bibliotheque en pourra recevoir de bon matin, qu'à l'occasion des vents qui soufflent de ce costé, lesquels estans chauds et secs de leur nature rendent l'air grandement temperé, fortifient les sens, subtilisent les humeurs, espurent les esprits, conservent nostre bonne disposition ; corrigent la mauvaise, et pour dire en un mot sont tres-sains et salubres : où au contraire ceux qui soufflent du costé de l'occident sont plus fascheux et nuisibles, et les meridionaux plus dangereux que tous les autres, parce qu'estans chauds et humides ils disposent toutes choses à pourriture, grossissent l'air, nourrissent les vers, engendrent la vermine, fomentent et entretiennent les maladies, et nous disposent à en recevoir de nouvelle ; aussi sont-ils appellez par Hippocrate, (...), parce qu'ils remplissent la teste de certaines vapeurs et humiditez qui espaississent les esprits, relaschent les nerfs, bouschent les conduits, offusquent les sens, et nous rendent paresseux et presque inhabiles à toutes sortes d'actions. C'est pourquoy au defaut des premiers il faudra avoir recours à ceux qui soufflent du septentrion, et qui par le moyen de leurs qualitez froide et seiche n'engendrent aucune humidité, et conservent assez bien les livres et papiers.

CHAPITRE 7

L'ordre qu'il convient leur donner.

Le septiesme poinct qui semble absolument devoir estre traicté apres les precedens, est celuy de l'ordre et de la disposition que doivent garder les livres dans une bibliotheque : car il n'y a point de doute que sans icelle toute nostre recherche seroit vaine et nostre labeur sans fruict, puis que les livres ne sont mis et reservez en cet endroit que pour en tirer service aux occasions qui se presentent. Ce que toutesfois il est impossible de faire s'ils ne sont rangez et disposez suivant leurs diverses matieres, ou en telle autre façon qu'on les puisse trouver facilement et à point nommé. Je dis davantage, que sans cét ordre et disposition tel amas de livres que ce peut-estre, fust-il de cinquante mille volumes, ne meriteroit pas le nom de bibliotheque, non plus qu'une assemblée de trente mille hommes le nom d'armée, s'ils n'estoient rangez en divers quartiers sous la conduitte de leurs chefs et capitaines, ou une grande quantité de pierres et materiaux celuy de palais ou maison, s'ils n'estoient mis et posez suivant qu'il est requis pour en faire un bastiment parfait et accomply. Et tout ainsi que nous voyons la nature, (...), gouverner, entretenir et conserver par cette unique voye une si grande diversité de choses, sans l'usage desquelles nous ne pourrions pas sustenter et maintenir nostre corps ; aussi faut-il croire que pour entretenir nostre esprit il est besoin que ses objets et les choses desquelles il se sert soient disposées de telle sorte, qu'il puisse toutesfois et quand il luy plaira les discerner les uns d'avec les autres, et les trier et separer à sa fantaisie, sans labeur, sans peine et sans confusion. Ce que neantmoins il ne feroit jamais en fait de livres si on les vouloit ranger suivant le dessein de cent bufets que propose La Croix du Maine sur la fin de sa bibliotheque françoise, ou les caprices que Jules Camille expose en l'idée de son theatre, et beaucoup moins encore si on vouloit suivre la triple division que Jean Mabun tire de ces mots du psalmiste, (...), pour distribuer tous les livres en trois classes et chefs principaux, de la morale, des sciences, et de la devotion. Car tout ainsi que pour trop presser l'anguille elle eschappe, que la memoire artificielle gaste et pervertit la naturelle, et que l'on manque souvent de venir à bout de beaucoup d'affaires pour y avoir trop apporté de circonstances et precautions ; aussi est-il certain qu'il seroit grandement difficile à un esprit de se pouvoir regler et accoustumer à cet ordre, lequel semble n'avoir autre but que de gesner et crucifier eternellement la memoire sous les espines de ces vaines poinctilleries et subtilitez chymeriques, tant s'en faut qu'il la puisse soulager en aucune façon, et verifier ce dire de Ciceron, (...). C'est pourquoy ne faisant autre estime d'un ordre qui ne peut estre suivi que d'un autheur qui ne veut estre entendu, je croy que le meilleur est tousjours celuy qui est le plus facile, le moins intrigué, le plus naturel, usité, et qui suit les facultez de theologie, medecine, jurisprudence, histoire, philosophie, mathematiques, humanitez, et autres, lesquelles il faut subdiviser chacune en particulier, suivant leurs diverses parties, qui doivent pour cet effet mediocrement connuës par celuy qui a la charge de la bibliotheque ; comme en theologie, par exemple, il faut mettre toutes les bibles les premieres suivant l'ordre des langues, par apres les conciles, synodes, decrets, canons, et tout ce qui est des constitutions de l'eglise, d'autant qu'elles tiennent le second lieu d'auctorité parmy nous : en suitte les peres grecs et latins, et apres eux les commentateurs, scholastiques, docteurs meslez, historiens ; et finalement les heretiques.

En philosophie, commencer par celle de Trismegiste qui est la plus ancienne, poursuivre par celle de Platon, d'Aristote, de Raymond Lulle, Ramus, et achever par les novateurs Telesius, Patrice, Campanella, Verulam, Gilbert, Jordan Brun, Gassand, Basson, Gomesius, Charpentier, Gorlée, qui sont les principaux d'entre une milliace d'autres ; et faire ainsi de toutes les facultez : avec ces cautions qu'il faut observer soigneusement, la premiere que les plus universels et anciens marchent tousjours en teste, la seconde que les interpretes et commentateurs soient mis à part et rangez suivant l'ordre des livres qu'ils expliquent, la troisiesme que les traictez particuliers suivent le rang et la disposition que doivent tenir leur matiere et sujets dans les arts et sciences, et la quatriesme et derniere que tous les livres de pareil sujet et mesme matiere soient precisément reduits et placez au lieu qui leur est destiné, parce qu'en ce faisant la memoire est tellement soulagée, qu'il seroit facile en un moment de trouver dans une bibliotheque plus grande que n'estoit celle de Ptolomée, tel livre que l'on en pourroit choisir ou desirer.

Ce que pour faire encore avec moins de peine et plus de contentement, il faut bien prendre garde que les livres qui sont trop menus pour estre reliez seuls ne soient mis et conjoints qu'avec ceux qui ont traicté de tout pareil et mesme sujet, estant plus à propos en tout cas de les faire relier seuls que d'apporter une confusion extreme en une bibliotheque, les joignant avec d'autres d'un sujet si extravagant et si éloigné, que l'on ne s'adviseroit jamais de les chercher en telles compagnies. Je sçay bien que l'on me pourra representer deux incommoditez assez notables qui accompagnent cet ordre, sçavoir la difficulté de pouvoir bien reduire et placer certains livres meslez à quelque classe et faculté principale, et le travail continuel qu'il y a de tousjours remuer une bibliotheque quand il faut placer une trentaine de volumes en divers endroits d'icelle.

Mais je responds pour le premier, qu'il n'y a gueres de livres qui ne se puissent reduire à quelque ordre, principalement quand on en a beaucoup, que lors qu'ils sont une fois placez il n'est besoin que d'un peu de memoire pour se souvenir où on les aura mis ; et qu'au pis aller il ne gist qu'à destiner un certain endroit pour les reduire tous ensemble.

Et quant à ce qui est du second, il est bien vray que l'on pourroit eviter un peu de peine en ne pressant point les livres, ou en laissant quelque peu de place à l'extremité des tablettes ou des lieux où finit chaque faculté : mais neantmoins il seroit plus à propos ce me semble de choisir quelque lieu pour mettre tous les livres que l'on acheteroit pendant six mois, au bout desquels on les rangeroit avec les autres chacun en leurs places ; d'autant que par ce moyen ils s'en porteroient tous beaucoup mieux estans espoudrez et maniez deux fois l'an. Et en tout cas je croy que cet ordre qui est le plus usité sera tousjours pareillement estimé plus beau et plus facile que celuy de la bibliotheque ambroisienne, et de quelques autres, où tous les livres sont peslemeslez et indifferemment rangez suivant l'ordre des volumes et des chiffres, et distinguez seulement dans un catalogue où chaque piece se trouve sous le nom de son autheur : d'autant que pour eviter les incommoditez precedentes il en traisne apres soy une iliade d'autres, à beaucoup desquelles on pourroit toutesfois remedier par un catalogue fidelement dressé suivant toutes les classes et facultez subdivisez jusques aux plus precises et particulieres de leurs parties.

Maintenant il ne reste plus qu'à parler des manuscripts, qui ne peuvent estre mieux ny plus à propos placez qu'en quelque endroit de la bibliotheque, n'y ayant nulle apparence de les separer et sequestrer d'icelle, puis qu'ils en font la meilleure partie et la plus curieuse et estimée : joint que plusieurs se persuadent facilement quand ils ne les voyent point parmy les autres livres, que toutes les chambres où l'on a coustume de dire qu'ils sont enfermez ne sont qu'imaginaires, et destinées seulement pour servir d'excuse à ceux qui n'en ont point. Aussi voyons-nous qu'il y a un costé tout entier de la bibliotheque ambroisienne rempli de neuf mille manuscripts qui ont esté assemblez par le soin et la diligence du Sieur Jean Antoine Olgiati, et que dans celle de m. Le president De Thou il y a une chambre de pareil pied et d'aussi facile entrée que les autres destinée pour cet effet. C'est pourquoy en prescrivant l'ordre que l'on y peut observer, il faut prendre garde qu'il y a deux sortes de manuscripts, et que pour ce qui est de ceux qui sont de juste volume et grosseur ils peuvent estre rangez comme les autres livres, avec cette precaution neantmoins, que s'il y en a quelqu'un de grande consequence, ou prohibitez et defendus, ils soient mis aux tablettes plus hautes, et sans aucun titre exterieur, pour estre plus éloignez tant de la main que de la veuë, afin qu'on ne les puisse connoistre ny manier que suivant la volonté et à la discretion de celuy qui en aura la charge. Ce qu'il faut aussi pratiquer pour l'autre sorte de manuscripts qui consistent en cahiers et petites pieces separées, lesquelles il faut assembler par liaces et pacquets suivant les matieres, et les placer encore plus haut que les precedentes, d'autant qu'à cause de leur petitesse et du peu de temps qu'il faudroit à les transcrire elles seroient tous les jours sujettes à estre prises ou empruntées si on venoit à les mettre en un endroit où elles peussent estre veuës et maniées d'un chacun, comme il arrive souvent aux livres arrangez sur des pulpitres dans les vieilles bibliotheques.

Ce qui doit suffire pour ce poinct, sur lequel il n'est pas besoin de s'estendre davantage, puis que l'ordre de la nature qui est tousjours egal et semblable à soy-mesme n'y pouvant estre observé, à cause de l'extravagance et de la diversité des livres, il ne reste que celuy de l'art, lequel un chacun d'ordinaire veut establir à sa fantaisie, suivant qu'il le trouve plus à propos par son bon sens et jugement tant pour satisfaire à soy-mesme, que pour ne vouloir pas suivre la trace et les opinions des autres.

CHAPITRE 8

L'ornement et la decoration que l'on y doit apporter.

Je passerois volontiers de ce dernier poinct à celuy qui doit clorre et fermer cet advis, si je n'estois adverti par ce dire tres-veritable de Typotius, (...), de dire quelque mot en passant de la monstre exterieure et de l'ornement que l'on doit apporter à une bibliotheque, puis que ce fard et cette decoration semblent necessaires, veu que suivant le dire du mesme autheur, (...).

Et dire vray, ce qui me fait plus facilement excuser la passion de ceux qui recherchent aujourd'huy cette pompe avec beaucoup de frais et despences inutiles ; c'est que les anciens y ont encore esté moins retenus que nous : car si nous voulons en premier lieu considerer quelle estoit la structure et le bastiment de leurs bibliotheques, Isidore nous apprendra qu'elles estoient toutes quarrelées de marbre verd, et couvertes d'or par les lambris, Boece que les murailles estoient revestuës de verre et d'yvoire, Seneque que les armoires et pulpitres estoient d'ebene et de cedre.

Si nous recherchons quelles pieces rares et exquises ils y mettoient, les deux Plines, Suetone, Martial et Vopiscus tesmoignent par toutes leurs oeuvres qu'ils n'espargnoient ny or ny argent pour y mettre les images et statuës representées au vif de tous les galands hommes. Et finalement s'il est question de sçavoir quel estoit l'ornement de leurs volumes, Seneque ne fait autre chose que reprendre le luxe et la trop grande despense qu'ils faisoient à les peindre, dorer, enluminer, et faire couvrir et relier avec toute sorte de bombance, mignardise et superfluité.

Mais pour tirer quelque instruction de ce desordre, il nous faut eslire et trier de ces extremitez ce qui est tellement requis à une bibliotheque, qu'on ne puisse en aucune façon le negliger sans avarice, ou l'exceder sans prodigalité, je dis premierement qu'il n'est point besoin pour ce qui est des livres de faire une despense extraordinaire à leur relieure, estant plus à propos de reserver l'argent qu'on y despenseroit pour les avoir tous du volume plus grand et de la meilleure edition qui se pourra trouver ; si ce n'est qu'on vueille pour contenter de quelque apparence les yeux des spectateurs, faire couvrir tous les dos de ceux qui seront reliez tant en bazane qu'en veau ou marroquin, de filets d'or et de quelques fleurons, avec le nom des autheurs : pourquoy faire on aura recours au doreur qui aura coustume de travailler pour la bibliotheque, comme aussi au relieur pour refaire les dos et couvertures escorchées, reprendre les transchefils, accommoder les transpositions, recoler les cartes et figures, nettoyer les fueilles gastées et bref entretenir tout en l'estat necessaire à l'ornement du lieu et à la conservation des volumes.

Il n'est point aussi question de rechercher et entasser dans une bibliotheque toutes ces pieces et fragments des vieilles statuës, (...) ; nous estant assez d'avoir des copies bien faictes et tirées de ceux qui ont esté les plus celebres en la profession des lettres, pour juger en un mesme temps de l'esprit des autheurs par leurs livres, et de leur corps, figure et physiognomie par ces tableaux et images, lesquelles jointes aux discours que plusieurs ont fait de leur vie, servent à mon advis d'un puissant esguillon pour exciter une ame genereuse et bien-née à suivre leurs pistes, et à demeurer ferme et stable dans les airs et sentiers battus de quelque belle entreprise et resolution.

Encore moins faut-il employer l'or à ses lambris, l'yvoire et le verre à ses parois, le cedre à ses tablettes, et le marbre à ses fonds et planchers, puis que telle façon de paroistre n'est plus en usage, que les livres ne se mettent plus sur des pulpitres à la mode ancienne, mais sur des tablettes qui cachent toutes les murailles ; et qu'au lieu de telles dorures et paremens l'on peut faire vicarier les instruments de mathematiques, globes, mappemonde, spheres, peintures, animaux, pierres, et autres curiositez tant de l'art que de la nature, qui s'amassent pour l'ordinaire de temps en temps et quasi sans rien mettre et desbourser.

Finalement ce seroit une grande oubliance, si apres avoir fourny une bibliotheque de toutes ces choses, elle n'avoit point ses tablettes garnies de quelque petite serge, bougran ou canevas accommodé à l'ordinaire avec des cloux dorez ou argentez, tant pour conserver les livres de la poudre, que pour donner une grace nompareille à tout le lieu ; et aussi si elle venoit à manquer et estre despourveuë de tables, tapis, sieges, espousettes, boules jaspées, conserves, horloges, plumes, papier, ancre, canif, pouldre, almanach, et autres petits meubles et instruments semblables, qui sont de si petite valleur et tellement necessaires, qu'il n'y a point d'excuse capable de mettre à couvert ceux qui negligent d'en faire provision.

CHAPITRE 9

Quel doit estre le but principal de cette bibliotheque.

Toutes ces choses estans ainsi disposées, il ne reste plus pour l'accomplissement de ces discours, qu'à sçavoir quel doit estre leur fin et usage principal : car de s'imaginer qu'il faille apres tant de peine et de despense cacher toutes ces lumieres sous le boisseau, et condamner tant de braves esprits à un perpetuel silence et solitude, c'est mal recognoistre le but d'une bibliotheque, laquelle ne plus ne moins que la nature, (...).

C'est pourquoy je vous diray, M. avec autant de liberté comme j'ay d'affection pour vostre service, qu'en vain celuy-là s'efforce il de pratiquer aucun des moyens susdits, ou de faire quelque despense notable apres les livres, qui n'a dessein d'en voüer et consacrer l'usage au public, et de n'en desnier jamais la communication au moindre des hommes qui en pourra avoir besoin, le dire du poëte estant tres-veritable, (...).

Aussi estoit-ce une des principales maximes des plus sompueux d'entre les romains, ou de ceux qui afféctionnoient plus le bien du public, que de faire dresser beaucoup de ces librairies, pour puis apres les voüer et destiner à l'usage de tous les hommes de lettres ; jusques là mesmes que suivant le calcul de Pierre Victor il y en avoit vingt-neuf à Rome, et suivant celuy de Palladius trente-sept, qui estoient des marques si certaines de la grandeur, magnificence et somptuosité des romains, que Pancirol a eu raison d'attribuer à nostre negligence, et de ranger entre les choses memorables de l'antiquité qui ne sont venuës jusques à nous ce tesmoignage tres-asseuré de la richesse et de la bonne affection des anciens envers ceux qui faisoient profession des lettres ; et ce avec d'autant plus de raison qu'il n'y a maintenant, au moins suivant ce que j'en ay peu sçavoir, que celles du Chevalier Bodlevi à Oxfort, du cardinal Borromée à Milan, et de la maison des augustins à Rome, où l'on puisse entrer librement et sans difficulté ; toutes les autres, comme celles de Muret, Fulvius Ursinus, Montalte, et du vatican ;

des Medicis, et de Pierre Victor à Florence ; de Bessarion à Venise de S Anthoine à Padouë ; des jacobins à Boulogne ; des augustins à Cremone ; du cardinal Siripand à Naples ; du duc Federic à Urbain ; de Nunnesius à Barcelonne ; de Ximenes à Complute ; de Renzovius à Bradeberk ; des Foulcres à Ausbourg ; et finalement du roy, S Victor, et de M De T à Paris, qui sont toutes belles et admirables, n'estans si communes, ouvertes à un chacun, et de facile entrée, comme sont les trois precedentes. Car pour ne parler que de l'ambroisienne de Milan, et monstrer par mesme moyen comme elle surpasse tant en grandeur et magnificence que en obligeant le public beaucoup de celles d'entre les romains, n'est-ce pas une chose du tout extraordinaire qu'un chacun y puisse entrer à toute heure presque que bon luy semble, y demeurer tant qu'il luy plaist, voir, lire, extraire tel autheur qu'il aura agreable, avoir tous les moyens et commoditez de ce faire, soit en public ou en particulier, et ce sans autre peine que de s'y transporter és jours et heures ordinaires, se placer dans des chaires destinées pour cét effet, et demander les livres qu'il voudra fueilleter au bibliothecaire ou à trois de ses serviteurs, qui sont fort bien stipendiez et entretenus, tant pour servir à la bibliotheque qu'à tous ceux qui viennent tous les jours estudier en iceller.

Mais pour regler cét usage avec la bienseance et toutes les precautions requises, j'estime qu'il seroit à propos de faire premierement choix et election de quelque honneste homme docte et bien entendu en faict de livres, pour luy donner avec la charge et les appoinctemens requis le tiltre et la qualité de bibliothecaire, suivant que nous voyons avoir est pratiqué en toutes les plus fameuses librairies, où beaucoup de galands hommes se sont tousjours tenus bien honorez d'avoir cette charge, et l'ont renduë plus illustre et recommandable par leur grande doctrine et capacité, comme par exemple, Demetrius Phalereus, Callimachus, Apollonius Alexandrins, Aristoxenus, et Zenodotus, qui ont eu autrefois la charge de celle d'Alexandrie ; Varro et Hyginus qui ont gouverné celle du mont Palatin à Rome ; Leidrat et Agobard celle de l'isle Barbe auprés Lyon sous Charlemagne ; Petrus Diaconus celle du mont Cassin ; Platine, Eugubinus et Sirlette celle du vatican ; Sabellius celle de Venise ; Uvolphius de Basle ; Gruterus de

Heidelberc ; Douza et Paulus Merula de Leide, ausquels le docte Heinsius a succedé ; comme apres Budé, Gosselin et Casaubon M. Rigault gouverne aujourd'huy la Royale establie par le roy François I et augmentée de beaucoup par son industrie et la diligence extreme qu'il y apporte.

Apres quoy le plus necessaire seroit de faire deux catalogues de tous les livres contenus dans la bibliotheque, en l'un desquels ils fussent si precisément disposez suivant les diverses matieres et facultez, que l'on peust voir et sçavoir en un clin d'oeil tous les autheurs qui s'y rencontrent sur le premier sujet qui viendra en fantaisie ; et dans l'autre ils fussent fidelement rangez et reduits sous l'ordre alphabetic de leurs autheurs, tant afin de n'en point acheter deux fois, que pour sçavoir ceux qui manquent, et satisfaire à beaucoup de personnes qui sont quelquefois curieuses de lire particulierement toutes les oeuvres de certains autheurs. Ce qu'estant estably de la sorte, l'usage que l'on en peut tirer est à mon jugement tres-advantageux, soit qu'on regarde au profit particulier qu'en peuvent recevoir le maistre et le bibliothecaire, soit qu'on ait esgard à la renommée qu'il se peut acquerir par la communication d'iceux à toute sorte de personnes ; afin de ne point ressembler à ces avaricieux qui n'ont jamais de contentement de leurs richesses, où à cét envieux serpent qui empeschoit que personne ne peust aborder et cueillir les fruicts du jardin des Hesperides ; veu principalement que les choses ne se doivent estimer qu'à l'esgal du profit et de l'usage que l'on en tire : et que pour ce qui est particulierement des livres ils sont semblables à celuy d'Horace, duquel il disoit en ses epistres, (...).

Toutesfois d'autant qu'il ne seroit pas raisonnable de profaner avec indiscretion ce qui doit estre mesnagé avec jugement, il faudroit premierement observer que toutes les bibliotheques ne pouvant tousjours estre ouvertes comme l'ambroisienne, il fust au moins permis à tous ceux qui y auroient affaire d'aborder librement le bibliothecaire pour y estre introduits par iceluy sans aucune dilation ny difficulté : secondement que ceux qui seroient totalement incognus, et tous autres qui n'auroient affaire que de quelques passages, peussent veoir chercher et extraire de toutes sortes de livres imprimez ce dont ils auroient besoin : tiercement que l'on permist aux personnes de merite et de cognoissance d'emporter à leurs logis les livres communs et de peu de volumes ; avec ces cautions neantmoins, que ce ne fust que pour quinze jours ou trois semaines tout au plus, et que le bibliothecaire fust soigneux de faire escrire dans un livre choisi pour cet effet et divisé par les lettres de l'alphabet tout ce que l'on presteroit aux uns et aux autres, avec la datte du jour, la forme du volume, et le lieu et l'annee de l'impression, le tout souscrit par celuy à qui on aura presté : ce qu'il faudroit biffer apres le livre rendu, et marquer en marge le jour de la reddition, pour voir combien on les auroit gardé : et ceux qui auroient merité par leur diligence et le soin apporté à la conservation des livres, qu'on leur en prestast d'autres. Vous asseurant, m. Que s'il vous plaist poursuivre comme vous avez commancé, et augmenter vostre bibliotheque pour vous en servir en cette sorte, ou en telle autre que vous jugerez meilleure, vous en recevrez des loüanges nompareilles, des remercimens infinis, des avantages non communs, et bref un contentement indicible, lors que vous recognoistrés en parcourant ce catalogue les courtoisies que vous aurez faictes, les galands hommes que vous aurez obligez, les personnes qui vous auront veu, les nouveaux amis et serviteurs que vous vous serez acquis, et pour dire en un mot lors que vous jugerez au doigt et à l'oeil combien de gloire et de recommandation vous aura apporté vostre bibliotheque. Pour le progrez et augmentation de laquelle je proteste vouloir tout le temps de ma vie contribuer tout ce qui me sera possible, comme j'ay pris dés maintenant la hardiesse de vous en donner quelque tesmoignage par cét advis, lequel j'espere bien avec le temps polir et augmenter de telle sorte, qu'il n'apprehendera point de sortir en lumiere pour discourir et parler amplement d'un sujet lequel n'a point encore esté traicte, faisant voir sous le titre de bibliotheca memmiana, ce qu'il y a si long-temps que l'on souhaite sçavoir, l'histoire tres-ample et particuliere des lettres et des livres, le jugement et censure des autheurs, le nom des meilleurs et plus necessaires en chaque faculté, le fleau des plagiaires, le progrez des sciences, la diversité des sectes, la revolution des arts et disciplines, la decadence des anciens, les divers principes des novateurs, et le bon droict des pyrrheniens fondé sur l'ignorance de tous les hommes : sous le voile de laquelle je vous supplie tres-humblement, m. D'excuser la mienne, et de recevoir ce petit advis, quoy que grossier et mal tissu, pour des arres de ma bonne volonté, et de celuy que je vous promets et feray voir un jour avec plus grande suitte et meilleur equipage. (...).

Gabriel Naudé (1600-1653)

Médecin, historien et bibliographe français (Paris, 1600 – Abbeville, 1653).

Libertin érudit, il fut bibliothécaire de Mazarin. Il aborde en pionnier le problème de l'organisation des bibliothèques.

La BNF met à la disposition un dossier relatif à Gabriel Naudé.

Voici les renseignements biographiques fournis dans ce dossier :

« Après avoir étudié la littérature et la philosophie, Gabriel Naudé décide d'entreprendre des études de médecine. Son goût pour les livres et les connaissances qu'il acquiert dans ce domaine déterminent le président de Mesme à lui confier la direction de sa bibliothèque. Il préfère continuer ses études médicales, mais il rédige à l'intention du président, en 1627, un célèbre Advis pour dresser une bibliothèque, où il prône l'ouverture aux hommes de lettres d'une bibliothèque universelle rassemblant tous les ouvrages utiles à la communauté savante ; ces ouvrages seraient classés selon un ordre "naturel", qui en ferait un instrument d'invention.

« Avec quelques amis, il forme la Tétrade, grand foyer de "libertinage érudit" où l'on débat de divers sujets philosophiques. Dans ses principes, Naudé reste fidèle à l'aristotélisme dans lequel il trouve une méthode positive de pensée et l'incitation à un rationalisme rigoureux. En matière de politique, il est un disciple de Machiavel : "il faut, dit-il, abolir toute idée de droits autres que ceux du chef et rendre la politique autonome par rapport à la morale, souveraine par rapport à la religion."

« Sa grande passion reste cependant les livres : toute sa vie, il recherchera les éditions rares et les livres audacieux, cataloguera et classera une énorme masse d'ouvrages. En 1628, le cardinal de Bagni (en Italie) le choisit comme bibliothécaire et l'emmène à Rome. En 1633, il est nommé Médecin ordinaire de Louis XIII et part recevoir le titre de docteur à Padoue. Après la mort du cardinal de Bagni, il devient bibliothécaire au service du cardinal Barberini. Rappelé en 1642 par Richelieu peu avant la mort de celui-ci, il sera finalement attaché au service de Mazarin. En dix ans, il réunit quarante mille volumes et beaucoup de manuscrits précieux qui seront le noyau de l'actuelle bibliothèque Mazarine. Une grande partie de ces ouvrages sera malheureusement dispersée durant la Fronde.

« En 1652, la reine Christine lui propose la direction de sa bibliothèque à Stockholm, mais la santé délicate de Naudé ne résiste pas aux rigueurs du climat suédois et il meurt sur le chemin du retour à l'âge de cinquante-trois ans.

« Héritier de l'humanisme, Gabriel Naudé, par son souci de classer, de rassembler avec rigueur toutes les données du savoir et par la liberté de son esprit, est un précurseur de Bayle et de Fontenelle. »

http://classes.bnf.fr/dossitsm/b-naude.htm

Pour en savoir plus sur Gabriel Naudé, le rôle qu'il joue dans le débat idéologique de son temps, consultez :

– **Pierre Cavaillé**
Libertinage, irréligion, incroyance, athéisme dans l'Europe de la première modernité (XVIe-XVIIe siècles)
http://www.ehess.fr/centres/grihl/DebatCritique/LibrePensee/Libertinage19.htm

– **Bulletin des bibliothèques de France**, numéro 96-2.
La bibliothèque du bibliothécaire
http://www.enssib.fr/bbf/fiches_lecture/b962damien.html

« Gabriel Naudé désire transformer la bibliothèque en une machine culturelle où l'État, dégagé de l'omnipotence de la Bible comme seule source de l'action, pourrait trouver les bases scientifiques d'une lecture non exempte d'une volonté de transformation de la réalité. Défenseur de la raison d'Etat contre les raisons d'Église, Naudé voit dans cette accumulation des savoirs l'instrument d'une connaissance critique et l'origine d'un conseil politique assurant la permanence du pouvoir (y compris par le coup d'État). A cet égard, la bibliothèque doit, selon Naudé, regrouper les connaissances du passé de la façon la plus ouverte et exhaustive possible.

« Universelle par la composition de son fonds, la bibliothèque naudéenne se doit également d'être utile, et donc accessible à tous : "Elle sera ouverte pour tout le monde sans excepter âme vivante." Cette instrumentalisation sociopolitique l'oppose donc tant à la bibliothèque jésuitique sélective qu'à la bibliothèque privée dédiée à l'utilisation et à la délectation solitaires. »

– **Robert Damien**
Bibliothèque et Etat : naissance d'une raison politique dans la France du XVIIe siècle.
Paris, PUF, 1995. – 316 p.

À propos de cette édition électronique

Texte libre de droits.

Corrections, édition, conversion informatique et publication par le groupe :

Ebooks libres et gratuits

http://fr.groups.yahoo.com/group/ebooksgratuits

Adresse du site web du groupe :
http://www.ebooksgratuits.com/

––

15 décembre 2003

––

- Source :

Ce document est extrait de la base de données textuelles Frantext réalisée par l'Institut National de la Langue Française (INaLF) :Advis pour dresser une bibliothèque [Document électronique] : présenté à monseigneur le président de Mesme / par G. Naudé. http://gallica.bnf.fr/

- Dispositions :

Les livres que nous mettons à votre disposition, sont des textes libres de droits, que vous pouvez utiliser librement, <u>à une fin non commerciale et non professionnelle</u>. Si vous désirez les faire paraître sur votre site, ils ne doivent pas être altérés en aucune sorte. **Tout lien vers notre site est bienvenu...**

- Qualité :

Les textes sont livrés tels quels sans garantie de leur intégrité parfaite par rapport à l'original. Nous rappelons que c'est un travail d'amateurs non rétribués et nous essayons de promouvoir la culture littéraire avec de maigres moyens.